新媒体视域下文化产业的
传播研究

张文博　王新宇　殷骆骏楠　著

延边大学出版社

图书在版编目（CIP）数据

新媒体视域下文化产业的传播研究 / 张文博，王新宇，殷骆骏楠著. -- 延吉：延边大学出版社，2022.10

ISBN 978-7-230-04099-0

Ⅰ. ①新… Ⅱ. ①张… ②王… ③殷… Ⅲ. ①文化产业—传播—研究 Ⅳ. ①G114

中国版本图书馆 CIP 数据核字(2022)第 200371 号

新媒体视域下文化产业的传播研究

著　　者：张文博　王新宇　殷骆骏楠
责任编辑：董　强
封面设计：金世达
出版发行：延边大学出版社
社　　址：吉林省延吉市公园路 977 号　　　邮　　编：133002
网　　址：http://www.ydcbs.com　　　　　　E-mail：ydcbs@ydcbs.com
电　　话：0433-2732435　　　　　　　　　　传　　真：0433-2732434
印　　刷：天津市天玺印务有限公司
开　　本：700×1000　1/16
印　　张：13
字　　数：200 千字
版　　次：2022 年 10 月 第 1 版
印　　次：2024 年 6 月 第 2 次印刷
书　　号：ISBN 978-7-230-04099-0

定价：68.00 元

前　　言

　　基于新媒体视域，文化产业的创新发展不仅要加大对新媒体技术的开发与应用，还要增强对文化产业的管理，必须打造一套结构完整的产业链，从而为新媒体技术在未来的发展奠定基础。在文化产业中融入新媒体技术不仅可以加快文化的传播速度，还能推进文化产业协调发展，达到产业创新发展的目标。

　　文化创意产业是当今世界文化发展的重要潮流，是知识经济的核心内容。在知识经济发展的今天，文化与经济、政治相互交融，在综合国力竞争中的地位和作用越来越突出。文化创意产业作为文化的一部分，其重要性是我们不能忽视的。未来国与国之间的竞争在某种程度上就是创意的竞争。任何一种技术工艺都可能在短时间内被他人模仿，唯一的方法就是不断创新。全球化带来了文化创意产业的国际分工和合作，跨国文化企业已经出现。在当前社会，人们面临着大量的产品选择，媒介作为人们生活中不可缺少的重要内容，正在以难以想象的力量构建着人们的生活。媒介是文化创意产业发展壮大的重要载体，而文化创意产业是媒介传播的重要内容，两者是形式和内容的关系。重视文化创意产业与媒介这一重要关系有利于社会经济和文明的发展，有利于提高国家综合国力。

　　文化产业的传播在新媒体视域下发生了巨大的变化，本书围绕新媒体视域下文化产业的传播展开研究，主要对文化产业最新发展与趋势进行研讨和分析，通过理论阐述与产业实践相结合的方式，重点介绍了新闻出版产业、动漫产业、影视文化产业、乡村文化旅游的发展与传播，阐明文化产业传播的重要性。本书的特点是对文化产业的研究细分到各子行业，而不是把文化产业视为一个整体。希望本书能够成为一本为相关研究提供参考和借鉴的专业学术著作，供读者阅读。

笔者

2022 年 6 月

目　录

第一章　新媒体概述

第一节　新媒体的概念及条件

一、新媒体的概念

在提到新媒体的概念时，有必要先介绍一下被称为"传播学大师"的加拿大学者马歇尔·麦克卢汉（Marshall McLuhan）最著名的观点：媒介即讯息，媒介是人的延伸。他所预言的"数字化生存""信息高速公路""网络世界""虚拟世界""电脑空间""全球一体"等内容，如今已经实现。我们都成为这位 20 世纪传播学先驱者所构想的"地球村"中的村民了。

（一）媒介即讯息

麦克卢汉的"媒介即讯息"这一观点，说的是媒介改变了人类认识世界、感受世界和以行为影响世界的方式。他提出的泛媒体的概念，即指任何人和事物都是通过媒介产生联系的。麦克卢汉把人类所有技术进步与工具发展都视为媒介的成长。具体解释为：衣服是皮肤的延伸，石斧是手的延伸，车轮是脚的延伸，电话是嘴巴和耳朵的延伸，印刷品是眼睛的延伸，广播是耳朵的延伸，电视是耳朵和眼睛的延伸，电子技术则是人类整个中枢神经系统的延伸……

在《理解媒介：论人的延伸》一书的序言中，麦克卢汉写道："我们正在迅速逼近人类延伸的最后一个阶段——从技术上模拟意识的阶段。在这个阶段，创造性的认识过程将会在群体中和在总体上得到延伸，并进入人类社会的一切领域，正像我们的感觉器官和神经系统凭借各种媒介而得以延伸一样。"

（二）媒介与人和社会的关系

人和社会与媒介密不可分。

如今，人们熟练操作与开拓着各种新兴的技术，却也日益被其控制而深陷其中。那么，媒介、人和社会的关系应该是什么样子呢？

以人为本是媒介传播的基础。媒介与人的关系应该是相互的：一方面，人们在日常生活中通过媒介获取大量的信息；另一方面，媒介人必须要有良好的素质，选择性地进行媒介活动。而媒介与社会更是友好的关系。媒介借助社会发展提供的技术，反馈给社会获取信息及连接万物的便利条件，双方能够互利互惠，从而让人获得更大的利益。

（三）新媒体的出现

新媒体总是相对于旧媒体而言的。从媒体发展历史看，媒体也叫媒介，是人类生存、生产、生活过程中不可避免的产物。人类传播媒介首先是口头传播媒介；之后文字出现，造纸术、印刷术相继出现，报纸、杂志大放光彩，纸媒成为主宰；随着广播、电视技术的发展，各种媒体后来居上。在联合国新闻委员会年会上，互联网正式作为"第四媒体"被提出，也叫网络媒体。之后，基于新的移动互联网技术支撑体系的复杂多样的媒体形态，被称为"第五媒体"，即新媒体。

新媒体相对于四大传统媒体而言，是新兴的、新鲜的、新型的媒体。它的出现使得传统的信息传递过程发生了翻天覆地的改变。传统媒体的传播过程主要是发现信息源，通过媒介传播信息，再由受众接收信息。而新媒体改变了这三方依次传递的顺序，或者说改变了三方功能的定位。以"两微"（微博、微信）的出现为例，它们让广大的受众变成了潜在的信息源，从而实现了受众对受众的传播；而搜索引擎的发展，则实现了受众直接接收信息，省略了通过媒介采集和发布信息的过程。

二、新媒体生成的条件

（一）TCP／IP 协议

在互联网早期发展阶段，不同的国家、不同的领域、一个国家内不同的地区都有各自的局域网、科研网，校园网等，如何突破各自限制将这些网络连接在一起，需要一个规范的电子设备和数据传输的共同标准。

TCP／IP 协议定义了电子设备如何连入因特网，以及数据如何在它们之间传输的标准，是国际性互联网的基础。

TCP／IP 是一个协议族的统称，里面包括了 IP 协议、ICMP 协议、TCP 协议等。网络中的计算机都采用这套协议族进行互联。IP 地址使得使用者在全球互联网中，可以联系到任何一台想要联系到的计算机，让不同的网络一起工作，让不同网络上的不同计算机一起工作。

（二）新媒体技术的发展与应用

人类社会的重大变化总是伴随着重大技术的诞生。随着连接不同计算机的技术，如分布式通信理论、TCP／IP 协议、分组连接等各类理论技术的相继出现，世界范围内的上网人数开始增加。与此同时，通信技术、电信技术、数字技术、物流技术、芯片技术等日渐成熟，传感器、云计算的飞速发展让万物相连和无处不在的智能化更为普遍，计算机、互联网与生物技术的结合呈现出人机共同进化的可能性。物联网、人工智能的新媒体时代正向我们走来。

第二节　新媒体的特征与功能

一、新媒体的主要特征

随着互联网技术的高速发展，新媒体时代已经到来，也有人称之为"后网络传播时代"。新媒体利用数字、网络、移动技术，通过多种网络渠道，在智能手机、电脑、家庭大屏幕等终端向用户提供信息和娱乐服务，成为人们生活、工作、学习不可分割的一部分。

（一）新媒体的本质特征是连接

世界已经进入以互联网为主要连接手段的时代。围绕着互联网所开展的新连接，从连接的方式方法到连接的层次都发生了本质的变化。

1.信息交换的对象变化

之前的连接主要是指人与人之间的信息交换，现在还包括人与机器、机器与机器（物与物、物联网）之间的信息交换。

2.信息交换的内容变化

之前是以公共信息为主的内容交换，现在还包括个人信息的交换和沟通，以及各类实用、服务类信息的交换，信息交换的内容丰富起来。

基于互联网的连接方式已成为主要的连接方式，主流媒体必须适应这样的需要，必须建立基于互联网的广泛连接。无论是媒体以内容为王去吸引用户，还是以渠道为王抢占用户，本质上来说，内容和渠道都是实现连接的工具。

整个社会的信息沟通方式发生变革，我们正逐步进入平台型（平台化）媒体时代，即我们所说的新平媒时代。

（二）新媒体较传统大众媒体的优势

新媒体较传统大众媒体突出一个"强"字。

1.强互动性

新媒体区别于传统媒体最突出的特点就是具有强互动性，相较于传统媒体单向的传播方式，新媒体时代的用户具有更多的主动权，能够最大限度地参与信息的制作、发布、反馈等各个过程，实现有效互动。

2.强娱乐性

随着技术的不断进步，全民娱乐的趋势更加明显，在此基础上，通过游戏、网络电视平台等进行的营销活动被更多的人所接受和认可。

新媒体视域下企业品牌运营可以结合游戏、网络电视剧的内容特点，植入相应的具有趣味性、娱乐性的广告。

3.强精准性

在新媒体时代，如何最大限度地挖掘用户需求，占领市场份额，开展能够广受关注的营销活动，是品牌营销最重要的课题。作为企业，必须了解广大群众所想、所需、所关注，才有机会在激烈的市场竞争中脱颖而出。因此，只有精准对接受众，才能获得最佳的品牌运营效果。

二、新媒体的四大功能

新媒体的四大功能分别是社会的传感器、生成与汇聚数据、病毒式传播和有痕记录。下面进行具体分析。

（一）社会的传感器

美国著名报人普利策（Joseph Joe Pulitzer）曾说："倘若一个国家是一条航行在大海上的船，新闻记者就是船头的瞭望者。他要在一望无际的海面上观察一切，审视海上的不测风云和浅滩暗礁，及时发出警报。他所考虑的并不是自己的薪水，也不是他的船长的利益。他在那里是为了看护信任他的人民的安全和利益。"

普利策所说的新闻记者的瞭望者功能在新媒体时代依然存在，且视野更广阔、立体，瞭望者变成了传感器。社会各个角落存在的各种摄像头就是新闻材料的原始聚焦库。

（二）生成与汇聚数据

大数据，或称巨量资料，是指以多元形式，通过多种渠道搜集而来的庞大数据组，往往具有实时性。这些数据可能来自社交网络、电子商务网站、顾客来访记录。

信息和数据是不同的：信息是结构化了的数据，有可伪性；数据，尤其是大数据，具有原始化、本真化、规模大的特点，可解读的角度多而且客观。如果传统媒体还不能及时更新、升级内容的获取方式，必然会被社交媒体所冲击。

现在的新媒体要有强大的数据生成能力和强大的数据汇聚能力，媒体要从信息总汇变成数据总汇才能成为新媒体。而在新闻行业的新平台面前，完善数据与人的关系尤为重要。

（三）病毒式传播

1.病毒式传播的含义

病毒式传播也可称为信息裂变，通常用来形容普通人发布的、很快流行起来的东西。信息通过个人传播的过程称为"结构性病毒式传播"。

病毒式传播是网络传播方式的一种。举个简单的例子：将你想要传播的东西发到网上，别人看了觉得不错，就会分享，与分享人有关的人看到了会再次分享，这样信息的受众就会呈指数增长，与病毒分裂方式相似。

病毒式传播的概念源自病毒式营销，在传播学中病毒式传播的名称由生物学导入，因为病毒式传播模式与生物病毒的感染、扩散机制类似。它是一种与人际传播、口碑传播相结合，巧借传播平台，发掘受众潜力的高效率传播战术，也是人们自发行为的表达，早期并没有明显的功利目的。

2.病毒式传播方式

（1）天生自发传播

这是最基础且原始的一种病毒式传播类别。如果产品具有较高用户好感度或良好的品质，用户会自发地转变为传播者，在经过一段时间的口碑传播后，信息会呈现爆炸性的增长。

（2）协同传播

协同传播指当用户与其他人共同使用新媒体时，将获得比单独使用时更多的价值，广义上亦指用社会化分工和合作的方法，连接多方面信息与渠道，更广泛地生成复杂多效的信息网来传递信息。

新媒体病毒式传播重视线上线下协同宣传，重视新兴社交媒体、自媒体、传统大众媒体联手，协同打造全媒体平台。多媒体内容传播、广告品牌创意传播、营销软文传播等，就是在进行协同传播。

（3）沟通效应传播

沟通效应传播在微博、微信等社交媒体中经常出现，通常以微信朋友圈分享及微信好友一对一交流或现实生活中实际沟通等相对私人的沟通方式进行传播。这种传播更容易发生在具有私密关系，相互信任、相互关注的熟人群体中。由熟人特别是家人朋友分享转发的信息，接收者更容易接受、点开阅读或进行再次分享转发。

（4）激励效应传播

激励效应传播是指在网站上邀请其他人加入进来时，系统会给予相应的奖励，经常用于商家通过让用户分享自己购买使用某种产品的信息或通过游戏的方式来换取优惠，从而达到产品信息的进一步广泛传播。在移动互联网时代利用"两微一端"（微博、微信，新闻客户端）等新媒体进行病毒式传播与营销时，要适时抓住激励效应进行传播。

（5）可植入性传播

这种方式大多适用于内容性产品，原创者会把原创信息或广告等植入文章、视频资料等中，以优质内容的大面积传播带动产品推广度的提升。

（6）签名式传播

签名式传播一般出现在查看信息或使用程序时，即使用分享或保存功能时，在传播的信息中附加产品个性化签名，以吸引用户注意力，达到传播的目的。

（7）社交化传播

这种传播依附现有的社交网络，当用户使用该产品的时候，社交网络会将用户相关信息或用户当前状态显性或隐性地传播给其他用户，促使其好友参与进来。

（8）话题性传播

这种传播是指在某个时段内人们愿意讨论这款产品或和这款产品相关的事件。话题性传播注重在某一时期社交媒体上用户的话题讨论度，话题有好有坏，这种产品或内容一般具有话题度高、娱乐性强、争议性大的特点，所以更容易在短时间内获得更大的传播范围。

（四）有痕记录

只要你曾经在网上发言过、行动过，别人提到过你，你提到过别人，这一切就会记录在网络里，不可能完全删除。只要技术到位，一切都有迹可循。因为原始数据都存储在运营商的数据库中，用户没有隐私。

第三节 新媒体传播的特色

一、新媒体时代信息的特点

（一）信息海量化

新媒体时代，信息海量化成为人们的共识。互联网搜索引擎的发展让用户更多依赖搜索与互联网存储。正确树立对待信息海量化的态度十分重要。一方面，我们要承认，信息海量化是现代信息传播的必然趋势，我们应坦然面对，并接受这个事实；另一方面，我们还要培养信息定力，有能力应对和过滤过量的信息。

每个人的精力和接受能力都是有限的，面对海量信息，我们不可能面面俱到，有所疏漏是非常正常的。我们要清醒地按照自己的需要来寻找自己急需的信息，过滤大量无效的内容。

（二）信息碎片化

受智能手机屏幕大小所限，加之现代人生活节奏快，获取信息大多数依赖手机，灵活碎片化的阅读已然成为风气。碎片化阅读使读者注意力无法集中。我们每天拿着智能手机，在上面刷微信、刷博客、晒朋友圈，在搜索引擎上查找想知道的东西；我们在醒来的三五分钟内就拿起手机看新闻、查微信，晚上要睡觉了还不能从互联网上撤退。手机如同一把镰刀，把我们的时间切得七零八落。

微信的内容更加破碎，人们对微信内容的获取也变得更加快捷，从文字到图片，从音频到视频，分散的各种信息填充着人们的生活。在一天 24 小时的时间内，信息被拆分成几十秒的碎片化的短视频，这就是短视频火爆的原因，它随时随地地被用户利用，使人们以为不会花费太多时间就可以看到别人的美好生活。

（三）信息共享化

在互联网上，无论是传统媒体还是新媒体、自媒体，共存于一种不限地域、行业、年龄等的资源共享平台上，共享文章、视频、新闻等内容，用户可以上传自己的原创内容或转发分享自己喜爱的东西，也可以按己所需下载互联网上发布的资源，即使有些是要付费的。资源共享是互联网带给每位用户的红利。

信息共享的好处是用户可以互相分享资源，方便、快捷、高效地将有效的资源最大化利用。信息共享的坏处是给少部分不负责任或不怀好意的人提供了传播病毒木马的渠道，另外也会涉嫌侵犯受保护的知识产权，用户在分享转发信息时忽略了版权与知识产权保护，会造成侵权纠纷。

二、新媒体传播的基本特色

（一）互动性

新媒体传播过程中，各种先进的内容采集、编发技术和渠道融合、管理技术纷纷诞生并进入人们的生活，产生各种形式的互动，这使传播的方式发生了根本的转变。

在新媒体时代，用户可以自主进入传播系统中，可以主动地按照自己的喜好去搜索感兴趣的信息内容，编辑发布自己原创的内容或者转发相关资料，在此过程中可及时得到网络用户的响应，而且可以基本上不受时空限制，实现即时通信交流，互动性比较强。

（二）大众性

普通大众都在互联网上展示自己的技能，反映自己的生活，传输自己的价值观与理念。支付、购物、住宿、交通等各种服务深入大众生活、工作、学习，使新媒体的大众性越来越强，尤其近年来短视频软件火爆，恰恰体现了大众性。

（三）多元性

与传统媒体相比，新媒体更具开放性，传播途径更加多元。新媒体具有即时传播的特点，新媒体的发展给传媒领域带来了技术和理念的双重革命。

新媒体的门槛低，人人都可成为信息的发布者，多元化的文化、兴趣、爱好、专业、行业等内容融合在一起，使新媒体具有了多元性的特点。

（四）超文本、超链接的应用

新媒体支持多种文件格式，以及文字、表格、音频、视频、图像等多种呈

11

现方式，超文本与超链接使得网民能够非常方便、快捷地使用网络资源。

三、新媒体传播突出一个"全"字

（一）全天候传播

信息传播的时效性有四个发展阶段：定时、即时、实时、全时。全时，即全天候传播，指的是信息随时可以进行发布。

（二）全媒体方式传播

信息不单只是文字或者图片，还附有音频、视频等多媒体形式。

（三）全民化传播

传播不再是大众传媒的事情，每一位民众都可以参与其中，所谓人人都是记者，人人都是麦克风，人人都是编辑。全民化传播就是用户生产内容，这是一种用户使用互联网的新方式，即由原来的以下载为主变成下载和上传并重。用户的交互作用更为明显，用户既是信息的浏览者也是创造者。越来越多的内容不再来自传统媒体或互联网，而是直接来自用户，手机功能的日渐强大使得用户可以随时随地利用手机制作图片、视频，将自己的心情和所见所闻用手机记录下来，以移动互联网为桥梁，随时随地将这些内容传递给他人。

（四）全互动传播

线索搜集、采访、编辑、发布等一系列活动，用户都有机会参与进去，并且在事后都可以发表评论，充分体现了新媒体的互动性。

传统媒体为了跟上时代，应该拓展与用户互动的机会，开发更多接触用户的渠道。

（五）全渠道传播

从报刊、电视、广播等传统媒体形式到网站、手机等客户端，全媒体传播渠道呈现出多样化的特点，一篇稿件可通过纸媒、电脑、家庭大屏、户外大屏、智能手机等渠道进行传播，根据不同的渠道特色进行精准的信息发布。

四、新媒体传播突出一个"去"字

新媒体传播突出一个"去"字，这包括以下两层含义：

一是去中心化传播。新媒体不存在类似于传统报纸的头版头条，用户可以根据自己的兴趣爱好选择阅读的内容。平台推送新闻与信息也突出个性化。

二是去传统意义上的议程设置传播。大众传媒时代由媒体选择设置公共话题，来吸引或转移受众的注意力。在新媒体时代，这种议程设置作用不大了，不是说议程设置完全不存在或不起作用，而是不同的消息发布者可以根据自己的需求来设置议程，众人关注的新闻或信息滚动太快、更迭太多，个性化定制或推送成为用户首选。

新媒体传播凭借微博、微信、客户端（门户新闻客户端、聚合推荐型新闻客户端）进行小众化、多层次、多领域、多地区、多维度的不同信息推送。各种垂直自媒体进行社交媒体传播，用户根据爱好转发进行二次传播，改变了议程设置的途径和过程。

五、新媒体传播关系

现在的新媒体传播是现代传播关系与现代传播手段和渠道的结合，其实质是一种"人—机"过程。这实际上反映的是一种新的社会关系，以及在新的社会关系基础上形成的新的传播关系。这些都与以往的大众传播有本质的区别。

当前社会对媒体融合的共识有以下五点：一是以平台意识更新端口思维，现阶段媒体融合的关键是构建用户平台、创新用户模式，以平台意识更新原来大众传播中的端口意识；二是以数字化生存构建媒体新业态和商业模式；三是以大数据为基础生产新闻产品；四是以人的需求为核心获取用户数据；五是以多种服务形式提高用户黏性。

第二章　文化产业的理论分析

第一节　文化产业的基本特征

文化产业具有文化性、产业性、创意性、科技性等基本特征。

一、文化性

文化产业首先必须是以文化为内容的产业。在学术史上，"文化"是一个至今都有很大争议的概念。文化是积累、传承文明的载体，文化产业是积累、传承文明的产业。在法兰克福学派提出"文化产业"概念以前，文化是一个独立于经济学的领域。后来，随着技术的发展和人们精神文化需求的快速增长，文化进入市场，也就是说，文化逐渐经济化。文化产业的出现是知识文化在经济发展中的地位日益加强的结果，任何一种文化产业，都是在一定的文化背景下进行的，如果没有一定的文化底蕴，文化产业就会成为无源之水、无本之木。但文化产业不是对传统文化的简单复制，而是依靠人的灵感和想象力发展起来的，文化产业通过科技挖掘传统文化资源，是一种利用知识与智能创造产值的活动。

中国文化产业的一个重要使命是：积累和传承中华民族历史上形成的团结统一、爱好和平、勤劳勇敢、自强不息、诚实守信的伟大民族精神，积累和传承众多历史人物世代忠勇、清正廉洁的典范精神，积累和传承勇于拼搏、不断

15

创新的科学精神，等等。

二、产业性

文化产业是以文化为基本内容的产业经济行为。产业是工业革命之后诞生的一个经济学问题。英国经济学家阿尔弗雷德·马歇尔（Alfred Marshall）于1890年提出"产业组织"概念，并逐渐延伸到产业结构、产业关联、产业政策等方面。产业是一个具有较强实践性和应用价值的经济学概念，而文化创意产业作为新兴产业，其组织、结构、关联及政策等问题更值得研究。

文化产业是满足人的精神文化需要的产业，它将抽象的文化直接转化为具有高度经济价值的精神产业，它将知识的原创性与变化性融入具有丰富内涵的文化之中，使其与经济相结合，发挥出产业功能。文化产品和服务的价值在于内含于其中的文化价值，是头脑和心灵的粮食，能够满足文化消费者多样化、多层次、多方位的精神文化需求。

文化产业是一种以市场化方式从事文化产品生产和提供文化服务的活动，它包含文化产品和服务的生产、交换和消费等相关过程，具有多层次的产业链。从上游的文化创意，到中游的文化产品的生产、复制，再到下游的文化传播等都属于文化产业。文化产业还是一种从事精神生产的科技含量较高的智力密集型创意产业，具有渗透性强、增值性高、资源消耗小的特征。

近年来，文化产业正在成为国民经济和社会发展的支柱产业，成为发达国家对外贸易的主导产业。但与发达国家相比，我国文化产业作为第三产业支柱的地位远没有显示出来。当前，在新形势下，中国文化产业正日益显示出其源远流长的传承性、生生不息的开拓性和兼容并包的开放性等特征。我国悠久的历史与文化，为我们推陈出新地创造具有竞争力的文化产业奠定了良好基础，随着我国经济实力的提升与国际影响力的扩大，在找准市场切入点与做好商业运作的基础上，我国的文化产业大有可为。

三、创意性

文化产业的关键在于对文化的创造性应用。文化创意产业中的创意内涵，强调人的创造性与创新能力。英国学者约翰·霍金斯（John Hawkins）认为，创意就是"催生某种新事物的能力，它表示一个或多人创意和发明的产生，这种创意和发明必须是个人的（personal）、原创的（original）、有意义的（meaningful）和有用的（useful）"。创意的这四个特征实际上就是强调个体具有文化意义与实践价值的原创能力。英国学者安迪·普拉特（Andy C. Pratt）认为创意是一个包含创意工作者、知识、网络与技术，让新的想法与背景脉络得以交互联结的过程。美国学者理查德·佛罗里达（Richard Florida）则认为，"创造力本身其实就是一种拼编（redaction）：为了创造和进行综合，我们需要刺激物——那些可以被陌生的方式拼凑在一起的零零碎碎的东西"。两位学者分别强调的是互联和编创，这也是在互联网时代发挥创造力的重要方式。

文化产业十分强调创意和创新，当代社会各种产业利润主要靠领先的自主创新和技术进步来实现，而文化产业正是自主创新和技术含量高的一个门类。文化产业的本质就是把文化思想、知识技能、创造力综合起来，形成新的产品、新的市场，提供新的服务，创造新的就业机会。文化产业不单纯依靠固定资产的积累和原材料的投入，而更注重人力资本的投入及人力资源的开发。因此，文化产业是一种智慧型产业，它以内容创意为核心，综合产品的制造、营销和推广，形成文化品牌优势，带动后续产品开发，形成上下联动、左右衔接、一次投入、多次产出的链条。它是人类知识创新、技术创新、科技发展的结果。

四、科技性

文化产业是一种科技性产业，它与信息技术、传播技术和自动化技术等的广泛应用密切相关，它通过与应用科学技术相嫁接、与各行各业相融合，为产品和服务提供新的价值元素，实现从产品创新向价值创新的转变，呈现出高知识性、智能化的特征。如电影、电视等产品的创作就是通过与光电技术、计算机仿真技术、现代传媒技术等相结合完成的。通过科技创新，文化产品价值中科技和文化的附加值比例明显高于普通的产品和服务。

科技是硬实力，文化是软实力，技术创新是文化产业发展的核心支撑和重要引擎。文化产业的发展在很大程度上依赖技术的推动，文化产业也因此成为科技应用最广泛、科技创新最活跃的产业之一。科技在传统文化产业中的运用促使其产生新活力和创造新价值，改变了传统文化产业的生产和营销方式，垂直打通各个环节，为文化产业赢得新的发展空间。随着现代科学技术的发展，以科技为核心竞争力的一大批新兴文化业态应运而生。例如，数字技术和网络技术使动漫和网络游戏产业迅速兴起；人工智能正在广泛应用于文化产业领域并形成智慧产业；新材料与文化创意的结合正在驱动更多形态的文化产品创新，科技与文化融合形成的新兴产业正大放异彩。

第二节　文化产业概念的多重关系

"文化产业"一词在各国学者旷日持久的争论中迅速传播，并逐渐被人们所接受，但对于文化产业相关概念之间联系与区别的研究还不够深入，至今没有得到精准的理论表述。本节试图对相关概念做对比研究，分析它们外延与内涵之间的异同，以期今后的相关学术对话与实践运作能在同一话语体系中进行。

一、创意产业和文化创意产业

在英文里，"创意产业"一词的含义具有不确定性，一指所谓的创造性文化艺术产业，一指创新型经济。前者可以被认为是狭义的创意产业，后者则是广义的创意产业。创意产业和文化创意产业都关注创意者本身的主观能动性，强调个人创意和注重知识产权。文化创意产业具备原创性质，能够形成知识产权，具有创意产业的一般属性，是创意产业的子范畴。

创意产业突出以创新思想、技巧和先进技术为核心的特征，利用具有原创性和新颖性的创意，挖掘消费者的潜在需求，创造差异化的、其他产品不能提供的新体验，包括物质体验和精神体验，重点在物质体验。文化创意产业更强调以创意为核心，重视文化的价值意义，主要向消费者提供文化、艺术、娱乐等服务，赋予一般产品差异化的精神内涵，从而使消费者获得超出物质形态的体验附加值、审美附加值、知识附加值等文化附加值。

从产品的价值与增值角度讲，文化创意产业中具有特殊意义的文化产品价格远离价值，产品承载的精神体验价值远大于产品本身的实用价值，成为身份、地位和生活品质的象征。而创意产业由科技创意带来的差异化物质体验，远比文化创意所创造的产品价值增加的空间要小得多，因为一件产品的物质体验价值，即使用价值是有限的，而精神体验价值是无限的。

"创意产业"这一概念提出的主要目的不是界定一个新兴行业，而是要强调重视产业开发中创新与创意的价值作用，提倡一种打破传统产业界限、通过创新创意提升产业附加值、推动经济发展的新思路。因此，其概念过于泛化产业外延，模糊产业核心本质，导致需要或者可以植入创意的产业都可以被称为创意产业。文化创意产业强调以文化创意、知识产权和科学技术为核心内容，强调创意和创新以及实现文化、技术、产品（服务）和市场的有机结合。它既肯定了创意点石成金的经济价值，更强调了产业的文化本质，突出产业的知识性和产品的文化性特征，从而使产业具有清晰的外延边界。因此，文化创意产业的概念在国际社会和我国民间得到广泛的使用。

二、文化创意产业与文化产业

文化创意产业与文化产业具有许多相同之处：一是产业定位基本相同。两者都内在地隐含着知识经济、信息时代对文化产品和服务的生产、交换、消费和分配功能的重视，体现出经济的属性。二是产业内容基本相当。文化就是创意，创意就是文化；没有创意的文化是不可能存在的，而没有文化的创意同样是无法理解的。在文化这个层面二者都包括了报纸杂志业、影视音像业、出版发行业、旅游观光业、演出娱乐业、工艺美术业、会议展览、竞技体育业和教育培训业等诸多方面的产业。三是文化要素基本相同。文化要素是文化产业和文化创意产业发展中最重要的因素，文化创意产业脱胎于传统的文化产业，是文化产业发展到一定阶段的产物，是对传统文化产业的一种发展超越和历史延伸。因此，许多专家往往将文化创意产业和文化产业两个概念作为可以互相替代的概念来使用。

事实上"文化创意产业"与"文化产业"不是简单的同义词，两个概念有着许多不同之处。

第一，发展阶段不同。对文化创意产业领域的研究，学术界最初探讨的是文化工业，着眼于工业生产、分配、交换与消费等环节；后来延伸到文化产业，关注产业的组织、结构、关联等问题；最后出现创意产业和创意经济。已有研究把产业拓展到创意领域，包括文化内容、文化产品、文化服务及知识产权、创意阶层等方面；把文化创意产业拓展到文化艺术、经济法律、社会政治等诸多领域。

第二，核心要素不同。文化创意产业起核心和主导作用的是创意，更突出个人创意，强调个人的创造力和创新性的实现，突出创意和设计以赢得消费者的赞誉，获得竞争优势。而文化产业起核心和主导作用的是文化内容要素，强调以创意为特征的文化原创和文化内容生产，更重视文化对产业的融合渗透，强调文化价值、文化资源的开发与利用。这里的文化以精神价值、道德信仰、文学艺术、生活方式等为核心，并以此提升产品的内涵和质量。对于文化产业来说，创意只是发展文化产业的重要途径和手段。

第三，文化产业链不同。文化创意产业是对传统文化产业价值链的重组。在网络信息时代，创意不再局限于产品的产出上，创意和资本、商业、技术深度融合，把文化与科技、信息、旅游、体育、农业、金融等领域进行跨界融合。这是一种跨行业、跨部门、跨领域的发展模式，由此可以衍生出以人的创造力为动力、以文化为纽带连接一切可以连接的领域的产业，创造出丰富多彩的创意形态。在知识经济时代，文化产业是从精神价值、道德信仰、文学艺术、生活方式等文化层面出发，通过创意来激发影视、出版、传媒、设计、广告、动漫、游戏、互联网以及音乐、舞蹈、美术等文化艺术的生命力，通过人的创造力来激发文化的生命力、融合文化及相关产业、实现产业聚变效应的新兴产业形态。

第四，文化产品不同。从产业的角度来看，文化创意产业强调对文化资源的创新开发，除服务于个人的精神文化消费需求，还服务于生产领域提升产品附加值、经济发展中优化产业结构的要求，具有明显的生产性服务业性质。文化创意产业首先是为适应一批新兴的文化产业类别的崛起而出现的产业形态，电影制片、出版、作画、文化演出、电视节目制作、动漫制作、互动游戏软件制作、数字艺术等这些行业，具有原创性且能形成知识产权，故属于文化创意产业。文化产业是提供文化产品和文化服务的精神文化企业的集合，更多地强调为社会公众提供文化、娱乐产品和服务，满足人们的精神文化需求。一些经营文化产品、提供文化服务的行业或产业，比如电影院、书店、画廊、印刷厂、大剧院、电视台、互联网等行业或产业，由于涉及原创的因素较少，只能归属于文化产业。文化创意产业比较集中，在外延的发展方面，文化产业更具包容性、更富有弹性。

三、信息产业与数字文化产业

文化与经济的碰撞，为创意经济带来了巨大潜力；技术与文化的碰撞，则为文化创意产业带来了新的机遇和挑战。在过去十多年的发展中，与信息技术和数字技术相关的行业充满活力、发展迅速，在整个创意产业中所占的比重越来越大。

（一）信息产业

关于信息产业的界定至今仍有分歧，这与信息的特殊属性有很大关系。广义的信息产业基本包含了能以信息的形式生产、展示与利用的文化产业或创意产业及全体版权产业；狭义的信息产业则包含了版权产业中的关联版权产业及非专一支撑型版权产业的大部分内容。

（二）数字文化产业

数字文化产业是由于"互联网＋"以及数字化技术在文化领域被广泛应用而产生的新兴产业，数字互动技术、开放网络关系、开放源代码和多种数字化娱乐方式等使得普通消费者成为参与创新的广泛人群。而消费者的创新又由于某种研发形式反馈引导和推动未来的商业开发与资本投入，成为推动经济发展的新动力。数字文化产业在本质上强调技术思维，文化产业的核心是创意和文化价值（包括版权），其在本性上是文化思维，是文化与技术的时代性融合。由此，发展数字文化产业需要"科技＋"与"文化＋"协同创新，是两者在本性上的相互贴近，它既需要平台的整合与垂直分发能力，更需要文化的集成与价值的提炼与创新，使技术与文化（艺术）保持适度的审美张力，才有文化的生成与美的显现，其成就的是一种新的文化业态和生活方式。

着眼于信息技术和数字技术运用与产业化的信息产业和数字文化产业，以区别于农业社会和工业社会的第三次浪潮为背景，它们本身不是以体能和机械能为主，而是以智能为主的产业。信息和数字本身不能成为产业，只有通过人的智能转化才能成为产业，这个转化的过程就是创意的过程。因此，信息产业和数字文化产业在本质上都是创意产业。

由上可知，"创意产业""文化创意产业""文化产业""内容产业""版权产业""信息产业"和"数字文化产业"这一系列概念所指称的产业都是以创意为核心要素、以精神产品的生产为目的的产业，因此，它们的内涵不存在本质上的差别，它们只是从不同侧面、不同角度揭示了创意产业所依赖的不同的文化成果而已。因此，它们统统都可以归类、整合到文化创意产业之中去。文化产业以个人创造力为原点，包括个人的技能和才干，其核心是知识产权的开发和运用。也就是说，个人的创造力必须通过知识产权的形式来体现。同时，这种知识产权并不是坐而论道式纯粹的知识产权，而是可以创造财富和增加就业的知识产权。由这样的创造途径而产生和发展出来的产业就是创意产业。

综上所述，文化创意产业是在经济全球化和一体化条件下，在社会经济、文化发展的新阶段，以文化资源为基础、文化创意为核心、高科技技术手段为支撑，充分发挥人的智慧，在完善的知识产权体系下，依托现代信息技术手段将文化创意产业与传统产业相结合，以文化艺术与经济科技的全面结合为自身特征，使人的才华充分发挥，进而创造财富与就业的新兴产业。

第三节　数字文化产业发展

数字文化产业是以文化内容为核心，以创意为动力，将各种文化资源与最新数字技术相结合，依托数字技术进行创作、生产、传播和服务的新兴产业。其主要有内容生产数字化、管理过程数字化、产品形态数字化和传播渠道网络化以及传输便捷、绿色低碳、需求旺盛、互动融合等特点。当下数字文化产业正在成为引领新供给、促进新消费、高速成长的数字经济的重要组成部分。

数字文化产业涉及内容产业、平台产业和文化科技三个主要领域。数字文化内容产业涵盖数字动漫、数字游戏、数字出版、数字音乐、数字表演、数字教育、数字艺术展示、数字典藏、数字文化装备、网络文化、网络服务、软件服务等业态。

当前，数字文化内容产业发展迅速，其中游戏、新闻、短视频和文学是最重要的四个领域。网络游戏行业集中度增加、游戏品质提升；网络视频和网络音乐更加重视原创和自制节目；网络新闻、短视频和网络直播更多依靠专业机构和数字工具生产优质内容；网络文学和动漫的创意之源地位更加巩固。

一、数字文化产业的特征

数字文化产业具有内容的创意性、主体的大众性、生产的技术性、传播的平台性、价值的商业性和产业的融合性等特性。

（一）内容的创意性

文化产业以文化为魂、技术为体、内容为王，在大众对于高品质文化产品需求日益旺盛的情况下，内容创意实际上成为数字文化产业发展的关键。

1.内容创意驱动消费的增长

每个时代的文化产业都会将那个时代新的技术成果和新的文化内容结合后进行创作和生产，从而产生具有时代特征和丰富内涵的文化产品。当今，无论是网络文学、网络娱乐还是网络短视频，几乎所有的网络应用软件和平台，都极为重视内容的创意，内容的开发和应用已经成为消费最大的增长点。内容需要积累，技术需要孵化，文化消费更需要新技术与新内容进行叠加，以形成全新的消费方式。

2.内容创意促进技术创新

文化内容创意化，文化消费体验化，技术创新常态化，让技术真正能为文化产业赋能，这是文化与科技融合促进文化产业发展的实质。一方面，在网络化、数字化和智能化时代，新技术的应用极大地推动了文化产业全新个性化体验形式的出现，如电子游戏、移动式景观、虚拟世界和扩增实境等技术的实现，使消费者角色发生了转换，即从一个被动的接受者成为主动的感受者、体验者，甚至是参与文化生产的创造者，他们在参与创新中获得审美快乐和体验乐趣；另一方面，文化产业消费者不断增长的较高的审美消费需求，以及消费方式的变化和差异化，对新技术在文化产业中的运用提出了更高的要求，从而促进了新兴数字技术的创新及应用，驱动着技术设备和终端的创新和发展，通过技术创新和内容创意，促进文化产业高质量发展。

（二）主体的大众性

在数字文明形态下，无限的网络空间为文化产品的立体化呈现提供了便捷手段。许多文化产品逐步从物质形态转变为数字形态，从销售某个知识点或知识体系转变为提供庞大的系统的知识库，从单向传播转变为供求互动，从产品形态固化转变为灵活服务、各取所需。数字文化产业深刻影响文化的发展生态和生存环境，改变了文化的样态和传播方式，尤其是大众的文化消费方式；改变了文化生产与消费主体的关系，形成了大众化生产和大众化消费格局。

1.生产主体的大众化

由于数字技术的发展，人类历史上第一次出现了文化内容的创造者从小规模专业作者向大规模业余作者迁移的局面，形成生产主体大众化格局。文化本身就是无处不在的，在数字化时代，数字化技术的广泛应用使文化生产端和消费端都出现了非线性链接，随着互联网和数字技术的广泛普及，文化走进千家万户，任何人在任何时间、任何地点，都能够接触到任何人类文化成果，消费或是参与生产任何文化产品。尤其在自媒体和移动互联网时代，文化产业内容生产者门槛大大降低，极大地激发了大众的文化表达意愿和创造活力，几乎人人都是内容生产者，市场空间得到最大限度的拓展。消费人群不再仅仅是接受者，同时也是创作者，他们主动参与数字文化的生产和传播，后现代"人人都是艺术家"的愿景成为现实。

2.消费主体的个性化

在数字文明形态下，数字文化产业契合了消费群体的代际转换，呈现出生产数字化、传播网络化、消费个性化等特点。动漫游戏、网络文学、网络音乐、网络直播、微电影等迅速发展，越来越多的数字文化产品走进日常生活，成为目前大众文化消费的主要产品。过去，文化产业发展方式相对粗放，缺少科学的决策辅助工具，大数据、人工智能和云计算是数字时代的生产工具，它们促进了文化产业的精准化预测、精细化管理和集约化发展，并对受众群体精准分析、对内容精准定位、对结构精准调节。文化产业领域已经出现了消费即生产的态势，引发了大批量定制和个体创造时代的到来，使个性化需求的满足成为现实，引起文化产业发展的新一轮变革。

（三）生产的技术性

文化创意产业融合形成数字创意产业的基础架构。相较于传统文化产业，数字文化产业的内容从产生之初就含有"科技的基因"，技术是数字文化产业发展的核心驱动力。

1.科技丰富文化产业表现手段

随着现代信息技术的发展，文化产品的生产越来越依赖技术。电脑绘画几乎成为艺术设计的主要手段；智能软件会让作曲家即时听到创作效果，随时进行修改；电影尤其如此，普通的电影制作，离开技术手段也几乎是寸步难行。数字合成占比越来越大，对电影的本质、影像的美学意义都产生了深刻影响。数字技术创新使文化创作形式和意义表达的手段更加丰富，文化生产要素不断实现优化组合，生产效率大幅度提升，文化产业的发展空间和前景越来越广阔。

2.科技培育文化产业新增长极

科技创新从某种程度上改变了文化产业的结构，丰富和更新了文化产业的内容，推进着文化产业的发展。伴随着数字化浪潮迭起，计算机、互联网、信息通信等数字技术不断向文化的各个领域广泛渗透融合，数字技术不断迭代升级，为文化内容的创造、生产、集成、传播、消费全流程各个环节打开了新的想象空间，突破了时间和空间的限制。新技术的迭代催生文化产业的新场景、新力量和新机遇，打通了文化产业供给侧和需求侧之间的耦合通道，培育形成文化产业新增长极。

（四）传播的平台性

数字化产业通常以数字平台为依托，通过多种媒体融合的方式对内容进行传播与表达，通过数字平台为创作者与消费者搭建平等交流的社区，对消费者各种感官造成综合性的强烈冲击。

1.平台增强了文化产业规模效应

在科技的推动下，互联网迭代加速，向分众化、移动化、视听化普及，各类资本、技术持续涌入数字文化产业领域，从精英生产到大众生产，从线下到线上，从资源到服务，新技术催生新平台，平台对于形成新业态、聚集新用户、培育新市场具有十分重要的作用。"互联网＋"展现出无边界链接的可能性，成为文化资源和要素流动与整合的利器。一方面，平台能够传播内容、开发延伸产品；另一方面，由于实现了规模化的无边界链接，平台的规模效应能够降低其成本。"平台＋创业者"的企业文化生态，激发了全社会的文化创造活力，让生态环境更具生产能力，让生产更加活跃，从而生产出更多高附加值的文化产品。

2.平台已经成为当今的主流商业模式

在数字产业化时代，平台的模式成为主流的商业模式，无论是专业化的视频网站平台，还是移动互联网终端平台，都将逐步垄断产业利润。各大视频平台进一步细分内容品类，并对其进行专业化生产和运营，行业的娱乐内容生态逐渐形成；各平台以电视剧、电影、综艺、动漫等核心产品类型为基础，不断向游戏、电竞、音乐等新兴产品类型拓展，以 IP（Intellectual Property，知识产权）为中心，通过整合平台内外资源实现联动，形成视频内容与音乐、文学、游戏、电商等领域协同的娱乐内容生态。

3.互联网已成为文化产业最重要的交流平台

电信企业现在已经不再是传统的以信息、通话为主的企业，而是变成一个巨大的网络平台，变成了一个媒体公司。最典型的就是中国移动，移动互联网现在成了一种媒体，其主要营收是通过内容传播、广告下载以及信息传输服务实现的。为了扩大内容的影响力，中国移动在全国各地建设视频基地、文化基地、动漫基地、阅读基地。中国知网大数据智库平台就是知识与大数据深度融合的产物，它将各种文字、音频、视频信息资源整合为统一的知识库，通过对知识内容进行碎片化重组，对政务数据与行业数据、公共数据与知网知识数据的融合分析利用，为政府部门及其智库、企业提供协同决策研究和协同执行平台，为各类用户提供基于业务场景、生产场景的知识服务。

（五）价值的商业性

从文化学意义上看，科技进步在深度影响和重构当代文化的形态、结构和价值取向。文化是消费的对象、附加值以及利润的来源，是经济价值的来源，是社会价值的载体。

1.数字文化产业推动消费规模扩大

现代数字化科技对当今文化产业的影响力是巨大的，在释放无穷生产活力的同时，还使产业整体盈利模式朝最佳盈利结构转变，表现为内容制作传播和消费载体的网络化、融合化、协作化，产业链整合化、宽泛化，营销方式社群化，受众角色多重化，由实物文化产业时代相互分割独立的利润单元串成链式流，构成一个内容无比丰富、无比密集快捷的网状文化产业体系，使创意价值得以最大化。数字文化产业发展模式将助推文化消费规模持续扩大，促进整个文化产业生态圈进一步融合共生。

2.付费消费已成为主导型盈利模式

在知识经济时代，信息和知识不但可以售卖，而且是卖方市场。在数字产业时代，随着代际消费群体的成长和移动支付技术的突破，网民已经习惯为自己所喜欢的网络产品和服务付费，付费消费成为数字文化产业的主导型盈利模式。数字文化产业依托移动互联网技术和网络产品付费习惯，在未来将呈现爆炸式增长。如付费的网络文学阅读、网络影视戏剧、游戏动漫由泛娱乐转向新文创开发，成为数字文化企业的主导商业模式。

3.数字技术促进共享经济的产生

当今，人们的生活方式和数字技术之间存在互相影响的现象，比如人们对网络的依赖性越来越强。新兴技术正形成数字创意新的基础架构，一方面，新技术将从消费向生产渗透，带来全要素效率升级，提升消费体验和资源利用效率；另一方面，新一代信息技术与文化创意领域的结合，催生了共享经济等新模式，新业态持续涌现，创造出新的经济价值。

（六）产业的融合性

长期以来，文化领域存在条块分割、地域分割等问题，推动文化体制改革，就是要优化资源配置，实现文化要素跨行业、跨区域、跨所有制的有效流动。依托网络和数字化技术，文化产业打破了一些壁垒，实现了文化载体的多元化、文化业态的多样化，专业化、集约化程度不断提升。

1.数字文化产业是科技与文化的融合

文化、科技融合是科技创新促进文化产生新样式、新产品、新服务，以及科技活动、成果不断丰富其人文内涵的互动过程。当前，文化与科技的交融日益广泛和深入，科技已融入文化产品创作、生产、传播、消费的各个层面、各个环节，推动文化与科技融合创新。由此，发展数字文化产业需要"科技＋"与"文化＋"协同创新。

2.数字文化产业整合资源实现跨界融合

数字文化产业是渗透性、关联性极强的产业，数字文化产业链条的延伸、扩展和交织，使大多数与文化创意相关的行业由分散趋于融合，不断延伸产业价值链，使之成为一个越来越能提升价值，创造大量就业机会的文化产业群。数字技术正在与国民经济各个行业相融合，催生出一系列新产业、新业态、新模式、新实践，已逐步成为当代社会发展中的主流产业，正在向更多经济领域、更多文化资源拓展，逐步融合到国民经济大循环中，成为新时代促进经济转型升级的新动力。

3.数字文化产业与更多领域实体产业的融合

文化是一种相对抽象的精神感知，需要通过创新载体和媒介传播，实现形象化表达，这就需要文化产业与更多领域实体产业的融合碰撞，例如将文化创意和设计理念融入工艺品制作和个性化建筑之中，使人们在实物产品上感知到文化特质。随着互联网的快速发展，传统的行业边界变得越来越模糊，数字化技术应用为文化创意和相关产业融合提供了新路径，数字文化产业与各行各业的结合使得产业本身产生非常多新的业态、新的应用和不同的应用场景。通过跨界关联融合，数字文化产业与传统制造业、旅游业、金融业、广告业、商贸流通业、建筑设计业、信息业、包装业以及体育、教育融合发展，与实体经济的深度融合，有助于提高文化附加值。

二、数字技术与文化产业发展

数字技术是一项与电子计算机相伴相生的科学技术，它是指借助于一定的设备将各种信息，包括图、文、声、像等，转化为电子计算机能识别的二进制数字"0"和"1"后进行运算、加工、存储、传送、传播、还原的技术。由于在运算、存储等环节中要借助计算机对信息进行编码、压缩、解码等，因此数字技术也被称为数码技术、计算机数字技术等。

数字化是数字计算机、多媒体技术、软件技术、智能技术的技术基础。数字化的概念包含两个层面，一个是技术逻辑的层面，数字技术把人与物的各种信息变成数字信号或数字编码，通过各种程序进行处理，并伴随和推动互联网、物联网等的发展，逐渐进入数据化与智能化等更高的阶段。数字化的第二个层面，就是数字技术带来的社会影响和产业变革，其中最重要的是生活方式和生产方式的变革。

数字化技术还正在引发一场范围广泛的产品革命，数字技术本身就是科技革命带来的创新成果，并以数字化方式实现创新，基于数据驱动的新动能正日趋成为经济发展的主力。在这样的背景下，数字创意产业的发展引起国家的高度重视，新一轮科技革命带来的是更加激烈的科技竞争，如此循环促进，文化产业的高质量发展才会有不竭动力。

（一）利用数字化技术加快传统文化产业的转型升级

顺应数字经济发展趋势，围绕文化产业数字化转型要求，加强先进数字技术和数据资源在文化产业创作、生产、传播、服务等领域的深度应用，培育壮大新动能。重点加快对新闻、出版、会展等传统行业的全方位、全角度、全链条的改造，提高全要素生产率，提升整体竞争力。数字出版产业或者数字文化产业涉及内容产业、平台产业和文化科技三个主要领域，内容产业可以具体化为电子图书、数字报纸、数字期刊、网络原创文学、网络教育出版物、网络地图、数字音乐、网络动漫、网络游戏、数据库出版物、手机出版物（彩信、彩铃、手机报纸、手机期刊、手机小说、手机游戏）等。

（二）利用数字化技术加快文化产业新业态和新产业的形成

以数字化培育新动能，用新动能推动新发展。依靠数字技术创新，推动文化与科技以及其他产业跨界融合。数字化催生了一批极具活力的新模式、新业态、新产业，促进我国文化产业价值链由低端向中高端迈进。

　　数字娱乐产业十多年来呈现出生机勃勃的发展态势，是推动文化创意产业发展的重要力量，也是文化消费中最有活力的领域，对人们特别是青年一代正产生越来越广泛而深远的影响，因此，数字娱乐产业也成为城市品牌提升的重要媒介。要积极培育新兴数字娱乐产业，促进数字出版、数字摄影、数字音乐、数字电影、数字电视、卡通漫画、网络游戏、flash 动画、基础动图等产业发展，同时，在发展基本成熟的泛娱乐企业内部培育创新因素，让自身的产业链不断拉长，从纯游戏公司到数字娱乐行业开启全产业链泛娱乐布局。

　　充分运用数字传媒、移动互联等手段，大力培育以数字化产品、网络化传播、个性化服务为核心的网络视听、网络游戏、移动阅读、数字出版、手游直播、数字影视、智慧旅游、手机电视等新业态，提升文化产业的数字化、智能化、网络化水平，推动单一企业竞争向全产业链竞争演进，构建立体、高效、覆盖面广、功能强大的融合发展的现代新闻信息服务体系。与游戏、音乐、电影和数字文创结合，营造出虚拟与现实自由切换的全新文旅体验。

三、大数据与文化产业发展

　　作为经济学概念的数字经济是人类通过大数据（数字化的知识与信息）的识别、选择、过滤、存储、使用，实现资源的快速优化配置、经济高质量发展的经济形态。狭义的大数据是指以数量巨大、来源分散、格式多样、应用价值高为主要特征的数据集合。而广义的大数据除了数据集合的含义，还包括对这类数据进行采集、存储和关联分析，以及从中发现新知识、创造新价值、提升新动能的新技术和新业态。大数据所代表的不仅仅是重要的技术变革，而且是战略性经济资源，大数据服务业已成为前景广阔的新技术产业。

　　文化大数据分两类，一类为需求侧文化大数据，另一类为供给侧文化大数据。所谓需求侧文化大数据，是指在文化消费过程中所产生的数据。比如，读书看报所产生的阅读数据，可为读者的阅读行为画像；看电视（听广播）所产生的视听数据，可为观众（听众）的收视行为画像。所谓供给侧文化大数据，就是从文化遗产中"萃取"的数据。从文化遗产到文化大数据要经过许多环节，比如数据采集、数据存储、数据关联、数据解构、数据重构等。现在所谈论的文化大数据，一般都是指需求侧文化大数据。随着文化消费日趋个性化、分散化、便捷化，需求侧文化大数据越来越被重视，更容易被人发现，但供给侧文化大数据并不常见，能跟文化大数据相提并论的，只有能源大数据。此外，需求侧文化大数据时效性都很强，过时即被废弃；但供给侧文化大数据不会过时，而是像"滚雪球"一样，越积越多。

（一）大数据是信息也是资源

大数据的价值在于可提供尽可能多的详尽信息并对信息进行有效处理。通过全面、精确、即时的大数据技术，提升整体数据分析能力，推动大数据开放共享，促进资源整合，发现其中所蕴含的价值。大数据带来的科技革命和经济革命，将极大地影响经济社会的发展。以数据流引领技术流、人才流、资金流、物资流，推动生产要素的集约化整合、协作化开发、高效化利用、网络化共享，可形成新的资源配置模式，改变传统的生产方式和经济运行机制，提升经济运行效率和水平。目前已经有不少通过用户数据帮助相关领域企业做出更好产品的探索，接下来万物互联以后，生产环节的数据可以反馈给前端的创意设计领域，从而帮助企业设计和生产出更好的产品，这将是文化产业未来最大的增量市场之一。

（二）大数据是引擎更是动力

以往的经济增长方式大多成本高、效益低，效益呈递减趋势。在信息时代，大数据成为重要的生产要素，经济发展方式成本低、效率高，而且效益呈递增趋势。由于大数据资产可以复制、递增、共享，以其效益递增可以弥补传统资源中的效益递减，这样就改变了以往资源的投入、组合和利用方式，使得经济发展中的动力机制、要素依赖、创新驱动、思维模式、企业组织架构等均发生了明显的变化。互联网时代，数据的驱动作用日益增强，不断催化和重构生产要素，促进以物质生产、物质服务为主的经济发展模式向以信息生产、信息服务为主的经济发展模式加速转变，从而大幅提升全要素生产率。数字文化产业的发展是智慧的、绿色的、共享的可持续发展，是发展方式的真正转变。

（三）努力开发利用大数据资源

为用好大数据资源，应大力发展大数据及其产业，围绕数据收集、储存、处理、应用等环节，加快计量、标准化、检验检测和认证认可等大数据产业基础建设，加速大数据开发应用。大力开发大型通用海量数据的存储与管理、大数据处理与开发等软件产品，着力开发海量数据存储设备、大数据一体机等硬件产品，带动芯片、操作系统等技术产品发展，构筑健全的大数据产业体系。提供与重点行业领域业务流程及数据应用需求深度融合的大数据解决方案，提升相关产业大数据资源的采集获取和分析运用能力，带动技术研发创新、管理方式变革、商业模式重建和产业价值链重构，推动大数据在研发设计、生产制造、经营管理、市场营销、售后服务等产品全生命周期、产业链各环节的应用。大力发展便捷服务、用户体验、个性化服务、数据价值挖掘等新型大数据服务业，提升生产智能化、经营网络化、管理高效化、服务便捷化能力和水平。

（四）将中国传统文化资源数字化

将中国传统文化资源数字化，第一步就是实现数字文化与传统共生。每个时代都在用最新的表达方式弘扬传统文化，创造新的文化内容，从而让中华文化经典在数字时代传承和发扬、融入现代人的生活。用数字创意传承文化资源遗产，集成运用新技术和新思维，打造中华文化宝库，对文化生产及再生产必将产生深刻影响。针对文物遗产和非物质文化遗产，可借助记录媒介，归档整理形成可视化、可体验的资料库。第二步是文化产业数字化。引入新一代信息通信、数字传媒、人工智能、虚拟现实、区块链等技术，通过集成创新重构文化产业内核，打造数据归集、传送、存储、处理的反馈控制系统，打通文化产业不同层级间的信息孤岛和数据壁垒，提高文化全产业链整体运行效率，构建全新的数字文化产业体系，以此为载体激发创意生成，打造高质量文化产品。

第三章　文化创意产业与媒介

第一节　文化创意产业与媒介的关系

　　创意是由不同文化、不同思想相互交流、相互碰撞而产生的，多元化是创意生产的丰富土壤。文化创意产业是将一种创新性的想法、点子放在产业领域，并获得巨大经济效益的产业，依托的核心是创新，这种创新是文化层面上的，其中也运用科学技术。文化创意产业作为文化的一部分，其重要性是我们不能忽视的，未来国与国之间的竞争将更集中体现在创意上。任何一种技术工艺都可能在短时间内被他人模仿，唯一的方法就是不断创新。全球化带来了文化创意产业的分工和合作，跨国文化企业的生产规模已经出现。媒介作为人们生活中无孔不入的组成部分，正在以难以想象的力量构建着人们的生活，同时也构成文化创意产业中重要的组成部分。

一、文化创意产业与媒介的相互作用

　　面对文化创意产业与媒介之间错综复杂的关系，不难发现文化创意产业与媒介在很大程度上是相互作用的关系。众所周知，媒介有宣传、放大、解读、理解产品的作用，文化创意产品在媒介的作用下得到很好的宣传。

（一）电影与媒介传播

电影作为文化创意产业之一，以创新为核心，不断要求自身更新形象，以满足社会需求和人们的欲望。在电影生产的整个过程中体现了媒介对文化创意产业的促进作用。当代社会资源无疑是丰富的，个体的选择是多样性的，个性也应该得到充分的释放和满足。电影适时地迎合了人们这种需求。现代科技的发展，尤其是信息技术、传播技术、自动化技术和激光技术等高科技广泛运用于各类文化艺术活动中，给当代文化艺术的存在方式带来了革命性的影响，在文化领域掀起了新科技革命的更新。电影最初就是科技进步的产物，今天的电影必须依靠当代数字网络信息高新科技提供的巨大支持。当代中国电影的跨越式发展必须依靠我国相对先进的网络与数字化技术。

电影不仅依赖媒介这一高科技产物来宣传、放大自己的影响力，而且媒介还为电影提供新的营销手段。在以往，电影的宣传方式是十分单一的，但现在，你可能会因豆瓣网上匿名网友的一句好评，或者地球另一端的网友在博客中的一篇影评而去看一部电影。也就是说人们看电影不一定非要去电影院，而是可以通过各种媒体观看自己喜欢的电影。网络是一个最佳途径。网络使得人们在空间上和时间上的距离越来越小。人们可以利用网络搜索自己想要看的电视电影节目。

（二）广告与媒介传播

文化创意产业与媒介相互作用、互利共赢的关系还体现在广告业中。在广告业中，媒介功能越来越体现出高科技、组合化、人性化的特点，文化创意产业与媒介二者统一于广告之中，两者关系最集中地体现在广告效果上。在创意时代，媒介只是一种工具，如何为我所用才是关键因素。忽视媒介，或者不能从媒介中挖掘出独特而新颖的东西无疑是不明智的。可以毫不夸张地说，创意是广告的灵魂，广告只有巧妙地加入创意才能达到很好的收益。

（三）音乐与媒介传播

录制流行音乐的公司在激烈的竞争中面临着推广和发行固定成本的问题。成名的艺术家把音乐会、广播或是电视节目中的表演录制成带，这本身就可被看作一种推广活动。与书评相比，广播节目中出现的"音乐排行榜"对于音像制品的销量影响同样很大。对于歌手或者乐队来说，单纯地录制唱片，效果往往并不理想。20 世纪 60 年代，参加巡回演出的流行乐队得到的报酬很少，但他们的唱片却在当地电台反复播放。英国的音乐人发现，要想发展自己的歌迷，扩大磁带的知名度，他们就要赔钱到美国举办几次巡回演出，巡演逐渐发展成为场面浩大的"作秀"节目，通过媒体大肆在全世界范围内传播开来，歌手还通过电视访谈、真人秀等节目进一步扩大知名度。

互联网渗透着音乐的制作、收听和共享过程：以豆瓣网为代表的音乐社交网络，提供了音乐人促销和发布作品的平台、听众交流意见的虚拟场所；以百度为代表的音乐搜索网络，为音乐下载提供了前所未有的便利。

（四）手机报纸与媒介传播

印刷媒介是古老的媒介，从古登堡时代至今，印刷媒介统治全球几百年而不衰。但是随着现代通信技术尤其是互联网的飞速发展，人们开始担心传统报纸将逐渐消亡。手机报纸是传统报纸与移动产业相结合的产物，传统报纸在现代的创新物——手机报纸现在已经在很大程度上投入了商业运营。传统媒体在文化内容形式、体制机制、传播手段方面的创新，将解放和发展文化生产力，实现文化的创新繁荣。

手机报纸的赢利模式有三种：一是用户的彩信订阅包月费；二是用户的手机上网流量费；三是广告投放费。手机报纸首先弥补了传统报纸时效性差的问题。传统观点认为报纸与广播、电视相比，时效性是最差的。因为报纸每天出版时间只有一次，当天发生的事件往往要到第二天见报，因此报纸走的路线往往是以深度解读和思辨评论为主。但是手机报纸弥补了这一缺陷。

手机报纸的另一大创新之处就是弥补了传统报纸互动性差的特点。互动性强一直被认为是网络媒体最大的优点。传统报纸虽然有"读者信箱""编读互动"之类的专栏，但往往流于形式。手机报纸的出现弥补了这一缺憾。用户除了通过手机来接收新闻，还可以向其他用户转发新闻。现在的手机报纸还开通了新闻报料、投票功能等，用户可以在第一时间参与报纸的各种活动。不仅如此，手机报纸的订阅者还可以把自己的感想意见、阅读体会及时发送到无线通信平台，这就打破了编读之间的障碍，让编者、读者真正直接地交流互动。这种具有人情味的传播模式，颠覆了传播者传递信息、接受者被动接收信息的传统格局，实现了有效互动。

（五）文化创意产业对媒介的更高要求

在文化创意产业与媒介相互合作、共同发展的过程中，文化创意对媒介提出了更高的要求。

1.文化创意产业促使媒介不断升级

报纸、杂志是最传统的媒介，在文化创意产业蓬勃发展的今天，它们已经成功升级了。网络时代的到来使得今天的报纸打破"传播者—受众"的单向模式，尽量为读者提供自由表达的平台。今天的报纸还特别注重本身的版式和图片"外包装"，力求给读者带来一种视觉冲击，增强审美效果，以此来吸引读者的眼球。未来几年，版图和图片作为报纸构成要素将会被进一步加强，现代设计观念被思想新锐的编辑人员引入报纸版面，报纸的"外包装"将更富审美情趣，更有风格，更像一件艺术品。

2.创意推动电视节目的不断创新

电视节目不断创新的意义在于保证其在市场上拥有差异性竞争力。只有差异性才是容易被市场接受的东西。创新包括三个方面的内容：第一，原创，不过原创也意味着高风险、高资本；第二，简单地借鉴、移植或购买版权的方式也属于创新；第三，旧元素的新组合在某种程度上讲也是创新，新的东西不一定好，旧的东西不一定不好。现在的节目创新以纯粹的技巧导向转向资源导向，摆脱了包装时期，进入了资源争夺阶段，其活动方向主要指向公益、娱乐节目和体育节目。此外，电视正逐渐和新媒体融合，媒体资源正逐渐和企业资源融合。现在的创新要求视野开阔、范围更广。只有不断创新的媒体才能成为有品牌的媒体，节目本身的品质和影响将成为媒体品质的核心。企业的营销资源和节目的融合在广告、公关等各个方面实现整合将会是创新的体现。

3.创意加速了专业化时代的到来

传媒产业是与科技紧密结合的产业，有创意推动的技术升级不断推动媒体向更高层次发展，向小众化、专业化转型。以电视剧为例，由于数字电视技术的发展，普通老百姓家里已经可以收看到近百套电视节目。这么多空白资源靠什么来填补？答案是创新。这么多频道靠什么来出奇制胜？答案依然是创新。于是，收藏频道、旅游频道、气象频道、美食频道等一些小众化的频道纷纷应运而生，也许其创新做得不够，但专业程度却在进一步加深。

二、文化创意产业与媒介互利共赢

文化创意产业和媒介在收益效果上表现出互利共赢的关系。从传播方式这一角度来看，文化创意产业和媒介又表现出另一种关系，即媒介是文化创意产业的重要载体，文化创意产业是媒介传播的重要内容。

文化创意产业已成为一种不容忽视甚至不可抗拒的文化力量，并逐步成为人们文化消费的主体。文化创意产业具有后现代化、全球多样化、在线生产销售、数码复制、分散生产和分众销售的特点，这就要求要有与之相应的传播途径。媒介塑造文化创意产业，文化创意产业对媒介有重要影响。媒介是文化创意的塑造者、引导者，媒介是形成文化创意的重要手段和使者。如通过媒介构建电视文化、流行文化、音像文化、摇滚文化等。文化创意不经过媒介传播就得不到继承和发展。而实际上，媒介在传播一定文化的同时也在构建一定的价值意识形态。因为媒介传播议题设置功能能让人们感觉到那些被媒介所关注的传播内容便是主流的或是值得肯定和仿效的。文化创意产业的传播离不开媒介这一重要载体，文化创意产业对媒介具有依赖性。文化创意产业只有成为媒介传播的内容才能焕发新的生机，媒介只有成为文化创意产业的载体才具有真实的价值。义化创意产业与媒介结合推动社会文明的发展，体现文化发展的群众性和时代性，满足大众获取知识文化信息的需要。但值得我们注意的是，文化创意产业中有先进的东西也有不好的东西，而媒介作为影响文化创意产业的一种重要手段，要注意其传播范围和方式。

第二节　文化创意产业中的
媒介功能及意义

　　文化创意产业是推动经济增长的新兴产业。联合国教科文组织认为，文化创意产业包括文化产品、文化服务和智能产权三项内容。在我国，软件、网络及计算机服务、文化艺术、新闻出版、广告会展、广播、电视、电影均被纳入文化创意产业。媒介作为人们生活中无孔不入的组成部分，正在以难以想象的力量构建着我们的生活，同时也是文化创意产业的重要组成部分，为文化创意产业贡献效益。媒介作为深刻影响我们思维和生活的要素，在推动文化创意产业的发展方面发挥着不容小觑的作用。文化创意产业中媒介的功能具体体现在以下几个方面：

一、文化创意产业中的媒介功能

（一）折射功能

媒介犹如一面镜子，它能折射消费者的需求，市场可根据媒介反映出来的需求，创造与之对应的产品。

现今，人们的消费欲望往往是通过媒介，特别是网络来传达的，而人们对文化创意产业的消费也不是纯粹的物质消费，而是包含着人们自我认知、自我肯定的一个复杂过程。而只有当消费者与产品产生共鸣时，他们才会买账。

（二）指向功能

媒介的指向作用不仅体现在引导消费者选择文化创意产品，还体现在引导文化创意产品向受众推销自己。在生产与消费这一关系中，广播、电视、互联网等现代社会主流媒体起了决定性作用。经过媒介的指引，原先并不为人知的创意产品能够很快就打开市场。现在，许多电影也是由于媒介的极力宣传和介绍才为其后的热播创造了重要条件。

此外，媒介指引着文化创意产品本身如何向受众推销自己。由于人们接触和使用媒介的目的首先是满足自己的需要，而这种需要和社会因素、个人的心理因素有关。因此，当基本的需求得到满足时，人们便开始转向更高层次、更有创意的需求。当受众选择并开始使用特定的媒介和内容后，人们会根据自己需求满足的情况来修正已有的媒介印象，在不同程度上改变对媒介的期待。进而，媒介便会根据受众需求有重点地选择推销文化创意产品。

（三）凝聚作用

在文化创意产业中，媒介起着凝聚作用。随着社会全球化，我们的媒介全球化也是一个必然趋势。人们利用各种媒介为自己服务，媒介仿佛是通往宝藏的"隧道"。当然，这里的宝藏指的是上述所说的服务。媒介将各种宝藏都聚在"隧道"的彼端，这体现了媒介的凝聚作用。正是由于媒介，海量信息才能够收集获得，又因为有了海量信息，所以才有了利用媒介的必要性，所以两者的相互依存关系不容置疑。

媒介"隧道"作用的具体表现是人们利用媒介能将现代文化和传统文化有机结合起来。现代文化与传统文化的结合使人们可利用的资源更加丰富了，这样媒介的凝聚作用便能很好地得到体现。有了媒介，人们不仅可以自由往来于现代文化和传统文化之间，还可以从这些丰富的文化资源中选择自己喜欢的信息为己所用。

（四）媒介自身为文化创意产业贡献效益

出版、广播、电影电视、网络等是文化创意产业的组成部分，它们自身也为文化创意产业贡献效益。中国报刊业作为文化创意产业的一部分，它不仅为文化创意产业贡献效益，还为我国国民经济的发展贡献力量。

二、文化创意产业中媒介功能的现实意义

（一）媒介带来文化创意主体的碎片化

"碎片化"理论是近年来社会学、传播学关注的焦点之一。受众的碎片化、自我意识的觉醒，导致了媒介分众化趋势愈演愈烈。同时，随着媒体技术的发展，分众化的趋势也越来越明朗。以个人为终端的短信、网络、专业电视频道、直邮和户外广告，瓦解了传统媒介的垄断地位，也为市场细分提出了更高的要求。

1.个性化时代的到来

在工业化时代，刚从机械重复的工作岗位中解放出来的人们本应欢呼即将到来的自由，却很快发现更隐蔽但是更深层次的不自由仍然存留在社会生活的每个角落里。

在当今，我们的需求已经被异化。人们有自由选择商品的权利，但广告会不断向我们灌输相似的品位；人们也可以自由选择职业，但社会最终会以收入、社会地位等要素评价一个人。伴随着第三次工业革命浪潮而来的文化创意产业，其本质是倡导以个人为基础的发展方式，是对个性的又一次解放。创意经济强调眼球吸引力，重视物质、感官体验，在创意经济里感性消费超过了理性消费，消费者愿意为"体验经济"而付费，工业生产中没什么实际用途却能针对个人需求的设计在销售中的作用愈加重要。

2.媒介加速文化创意主体"碎片化"进程

媒介加速了文化创意主体的碎片化进程。在当下的时代里，互联网、手机、数字电视无孔不入。书店可以直接通过微信公众号告诉顾客想要的书到了；数字电视带来频道的几何级增长，必然加速观众的分众化，而互联网更使这种碎片化的趋势根深蒂固。技术的发展为个人实现自我、表达自我提供了越来越多

的可能性和越来越多的通道。互联网时代的每个人都可以拥有自己的高度。互联网时代的各种奇迹，说到底都是被解放出来的个人力量的成功。

"文化创意产业"的提出，标志着"碎片化"已经进入了实质性操作的阶段。一方面，它推崇个人的创造力、想象力；另一方面，文化创意产业通过满足个人不想雷同于其他人的那一部分追求，来获得自身价值的实现。文化创意的核心源自个人创意、技巧及才华，实现方式是运用知识产权等相关知识，最终目的是创造财富和就业。不注重个体社会成员的需求，文化创意产业就找不到市场，价值的实现也就无从谈起。

3. "碎片"时代的媒介新功能

文化创意产业旨在发挥受众的创造力。传统的媒介是被专业人士所垄断的，小部分的人往往创意有限。在文化创意时代，媒体成了一个大平台，为文化创意产业提供了双向的通道：一方面，个人的创造力和才华在媒介上得到最充分的发挥；另一方面，文化创意产业也满足了个人不想雷同于其他人的那一部分追求。短视频、手机作品，越来越多地在媒体上播放，人们实现自己创意的渠道开始变得越来越方便。媒体有了一种崭新的功能，即为碎片的创意阶层服务。

在过去，"二八法则"盛行其道，个人不得不放弃对个性的追求，或者在偏僻的一隅孤芳自赏、自娱自乐。而今天的消费者远比过去幸福，文化创意产业为他们提供着更体贴、更个性化的消费体验。网络和分众传媒已经开始为不同的阶层打造不同的内容，现代通信技术更有可能把量身打造的文化产品直接送给每个人。个人作为组成社会的碎片，开始拥有了更大的自主性和更多选择的权利，社会功能逐渐从控制转向服务，个人作为生产者和消费者都能够充分享受到创造带来的乐趣。

（二）媒介带来文化创意主体的全球化

1.媒介——推动全球化的发动机

毫无疑问，电视的出现使得人们告别了铅与火，加速了全球化。而互联网，更使创意主体的全球化大大向前迈进。用托马斯·弗里德曼（Thomas Friedman）的话说，"它们迫使所有首先考虑地方再看全球的人，变成首先考虑全球然后再看地方的人"。由于有了互联网，我们有了通用全球的电子邮件系统、公共全球商业中心、公共全球图书馆，每个人都能互相通信、进行买卖活动、进行学习充电。

互联网的兴起是从技术、资本和信息民主化的最后阶段开始的，对新的全球化的形成做出过卓越的贡献。因特网急骤扩张，成了推动全球化的涡轮发动机。因特网将确保我们能够通信、投资及从不同角度看待日益全球化的世界。因为从你涉足因特网的那一刻起，你就可以完全自由地与全球任何人交流了；从你涉足因特网的那一刻起，你就可以完全自由地在全球任何市场投资；从那一刻起，你就可以通过一个因特网的万维网做生意，而不必考虑你身处世界何地。

2.水土不服——传播的跨文化问题

但有时候，文化传播也并不是毫无障碍的，它更像是一堵透明的墙，一旦逾越，有时就会产生意想不到的后果。

媒介在全球范围内传播文化创意产品必须要重视他国文化，否则便会"水土不服"。跨国公司的广告在其他国家传播信息时，在创意上应注意广告涉及的角色以及这些角色所代表的形象，文化符号离不开独特的历史文化背景，如果消费者觉得广告所反映的信息与心目中固有的近乎真理的观念产生了冲突，那就会陷入困境。

（三）媒介扮演"次级文本"角色

"次级文本"功能由约翰·费斯克（John Fiske）提出。费斯克是著名的传播学者，进行了大量通俗文化方面的研究与著述，被认为是"无可救药"的大众文化消费者。在多年的批判研究中，他区分了三种文本：初级文本、次级文本、第三级文本。他认为，初级文本是电视机构制作完成的原初文本。次级文本是为初级文本做宣传或解读初级文本的副文本，大体有两类：一类是制作者策划发布的宣传文本、广告等；一类是其他媒介，比如影迷杂志、评论期刊、报纸、广播等的相关文本。第三级文本是最为关键的副文本，指的是观众观看以后的反应或彼此的交流，如口头交谈、观众来信、网络评论。

1.从"初级文本"向"次级本文"的嬗变

根据费斯克"次级文本"的理论，文化创意产业的产品可视为初级文本，而媒介在其中扮演的正是"次级文本"的功能。正是由于媒介的宣传、放大、解读、诠释，使得看似遥远的初级文本被消费者所接受，从而为文化创意产业制造了广阔的市场。

由于当代社会的控制方式越来越制度化，权力的运作越来越抽象化，这就产生了两个效果：一方面控制能力增加，另一方面也产生了种种零碎、非连续的场域。这在一定程度上给消费者提供了自由选择的机会。

正是由于消费者具有了某种自由选择的机会，所以媒介如何进行宣传、放大、解读、诠释，直接关系到文化创意产品传播的效果。如果媒介进行虚假、夸大、主观的传播，必然被受众所唾弃。

2.受众选择的悖论

受众的自由首先体现在他们可以自由地选择场域。但受众是分散、匿名的，他们力量有限。虽然有权挑选文化资源，但是在媒介的支配下，受众选择时往往又受到限制，他们只能在有限的选项中做排除法。这就是受众选择的悖论。

但是就算在这样的前提下，受众也有一定的权利。他们可以从中挑选能与自己日常生活有关联的部分，并且用自己的方式解码，其解码方式可能与传播者风马牛不相及。这客观上使得权力集团结构性地建构意识形态的企图落空。但是没有次级文本，就不可能存在三级文本。费斯克认为传统的研究由于建立在主体性的古典理论之上，结果造成了一种相对的统一、单一的主体，或意识形态中的主体。而新的理论则强调非统一的、矛盾的主体。即通俗文化的消费者在文化消费过程中的立场并不是始终如一的，而是具有一种"游牧的主体性"，游移于多种主体立场之间。

（四）媒介从"满足"到"涵化"，实现文化创意产业的繁盛

创意的前提是需求。文化创意产业以精神生产和生产精神作为核心，创意可大可小，文化创意产业的关键是用"创意"为产品或服务提供实用价值之外的文化附加值，最终提升产品的经济价值。

1.媒介的"使用与满足"功能

大众传播的使用与满足理论，可以用来解释文化创意产业中的媒介功能。1974年伊莱休·卡茨（Elihu Katz）在其著作《个人对大众传播的使用》中首先提出该理论，他将媒介接触行为概括为一个"社会因素＋心理因素——媒介期待——媒介接触——需求满足"的连锁过程，提出了"使用与满足"过程的基本模式。后人经过补充和发展，综合提出"使用与满足"的过程。

根据该理论，人们接触使用传媒的目的首先是满足自己的需求。这种需求和社会因素、个人的心理因素有关。因此，当基本的需求得到满足时，便开始转向更高层次的、更有创意的需求。人们接触和使用传媒还要符合两个条件，一是接触媒介的可能性，二是媒介印象。根据长尾理论，由于媒介从"卖方市场"转向"买方市场"，在海量的媒介选择中创意的传播方式尤显重要。当受众选择并使用特定的媒介和内容后，结果有两种：一种是需求得到满足，一种是需求未得到满足。需求无论是否得到满足，都将影响到以后的媒介选择使用

行为，人们根据满足结果来修正既有的媒介印象，在不同程度上改变着对媒介的期待。传统理论认为，受众是有着特定需求的个人，他们的媒介接触活动也是基于特定的需求动机的。但现在，几乎所有的媒介传播方式都能使这些需求得到满足。要了解一件大事，选择报纸、广播、电视、网络中的任一媒体都能实现。在众多选择面前，受众往往眼花缭乱，往往会倾向于最新奇、最能够吸引人的选择。

2.媒介的"涵化"功能

在媒介力量无孔不入的今天，媒介不但能迎合需求，而且能够培养需求。例如有一则钻石广告语为"钻石恒永久，一颗永流传"，广告商和媒体想让人们认为钻石是永恒爱情的一个象征符号，想让受众认为钻石与永恒爱情之间有一种天然的联系，拥有这种钻石，就能获得永恒爱情的保证。但实际上，这两者根本没有必然联系。独具匠心的广告就能够利用这一点，把珍奇异宝、美、成功与舒适生活等各种意象附着于肥皂、洗衣机、摩托车及酒精饮品等平庸的消费品上。商品一旦承担了这种文化联系的功能，销售的局面就非常容易打开。

第三节　文化创意产业价值链
与媒介融合发展

媒介融合在今天已经成为主流趋势，新媒体的崛起并未引起传统媒体的衰落；相反，在两者之间的行业壁垒变得越来越模糊的同时，业务交易与合作也越来越频繁、广泛和深入。媒介融合、资源共享、优势互补，使受众需求通过多种方式得到了更充分的满足，使各种资源获得了更大限度的整合和利用，使文化创意产业的价值链不断延伸和拓展，为传统媒体和新媒体开辟了共赢的空间。

一、共享受众资源，拓展市场份额

在分众传播时代，受众定位对媒体竞争来说尤其重要。对于电视媒体来说，找准自己的定位，并选择与自己具有相似受众定位的新媒体进行合作，这对于扩大受众群、提高收视率、拓展市场份额是一个事半功倍的抉择。

二、盘活行业内存量资源，实现多重价值开发

电视台曾经是电视节目播出的唯一平台，大多数节目在播出一两轮之后就被束之高阁，变成了"沉睡"的资料片，可能会在若干年后被片段性地偶然使用，也可能永远不会再被利用。在这种情况下，节目基本失去了经济价值和社会价值。一次性使用造成了节目资源的浪费。而在媒介融合的今天，电视行业内的存量资源，也就是大量已经在电视屏幕上播出过的节目，被重新包装利用，用于公交移动媒体、网络媒体、手机媒体、楼宇媒体等新媒体平台，一方面节省了制作成本，另一方面使"沉睡"的资源获得新的经济价值和社会影响力。

目前，公共交通仍然是我国市民最重要的出行工具。大量上下班乘坐地铁或公交的市民，常常通过移动传媒看到各地的新闻、电视娱乐节目或者是电影和电视剧的预告片，公交移动媒体渐渐成为人们生活中重要的休闲娱乐媒介，甚至是获取信息的重要渠道。

高覆盖率使移动传媒拥有了广大的受众基础，这对传统电视媒体开拓受众市场方面也做出了显著的贡献。观众在路上的时间属于心理空白期，此时观众

有闲散的注意力去关注并接受移动媒体播出的节目，这时候的收视效果反而更佳。公交移动媒体最大的特点在于其播出空间的封闭性和传播的强制性，与传统电视媒体的观众手握遥控器的观看方式不同，移动媒体的受众此时没有选择的权利，被动并自觉地成了"忠实"的受众。从这个意义上说，公交移动媒体的传播能力和效果是十分强大的。目前，观众在 CCTV 移动传媒上观看到的节目很多是中央电视台各频道的品牌栏目，这对栏目本身也起到了很好的宣传推广作用，短暂的一路相伴之后，乘客很可能了解甚至喜欢上了一个之前从未接触过的节目，并且成为这个节目的长期受众。

除了移动媒体之外，网络媒体对盘活电视行业内的存量资源更是功不可没，诸如优酷、土豆等视频网站，以及新浪、搜狐等门户网站旗下的视频频道等都成了电视节目的再播渠道。视频网站依靠广告收入购买电视节目的网络播出权，而传统的电视节目在多次被购买的过程中实现了多重价值的开发。新媒体对于传统电视行业内存量资源的盘活和再度利用功不可没，电视节目将通过不同的媒介被多次包装和播出，多维、立体地开发节目的多重价值，同时扩大影响力，并且巩固和培育受众群体，真正实现传统电视媒体与公交移动、网络、手机等新媒体的互惠与多赢。

三、发挥互动性优势，扩大赢利空间

网络、手机等新媒体在互动性方面具有先天的优势，"互动"的理念在今天已成为最先进的营销策略，"互动"是保证收视率和市场份额的有效途径。如今，传统的电视媒体用"以受众为中心"的科学态度面对传媒市场，与受众互动成为他们努力实施的营销策略。

除了手机媒体具有互动功能，新媒体中的网络媒体在与传统电视媒体的合作中，也发挥着强大的互动优势。

网络媒体打破了传统媒体一贯的一对多的传播方式，它拥有独特的点对点的传播方式，参与性、互动性更成为网络媒体一个标志性的特点。虽然手机短信使电视媒体与手机运营商均获益不小，但是我们不得不承认短信方式的互动也存在局限性，随着电视直播的结束，互动便即刻停止，没有将互动价值延伸至节目之后。而网络媒体可延续性地进行互动性传播，这就突破了手机媒体的局限性，能够为传统电视媒体持续造势和持续扩大赢利空间。

互动性是新媒体的重要优势，传统电视媒体可以借助新媒体这一优势提升节目的收视率，并通过以互动为主的增值业务扩大节目的赢利空间。新媒体也可以借助传统媒体的节目资源获取互动话题并吸引观众参与，从而赢得点击率，增加广告收益，并创造一些新的衍生价值。

通过以上分析，我们看到传统电视媒体与新媒体的合作显现出的新特征和新趋势，优势互补、资源共享、互惠共赢已成为媒介融合的主旋律。在文化创意产业蓬勃发展的今天，新媒体为传统电视媒体带来了更强的活力和更大的价值空间。同时，传统电视媒体为新媒体带来了丰富的节目资源，进而增强了新媒体的赢利能力和社会影响力。媒体融合，这种新的传媒格局必将为我国文化创意产业创造更繁荣的未来。

第四节　文化创意产品
与媒介融合的创新传播

现如今，随着互联网、多媒体等大众传媒的高度介入与积极响应，整个社会的文化传播载体与传播方式正在经历着一场深刻的变革，涌现出了电子传播、网络传播、移动新媒体传播等多种新的传播工具和传播载体。对传统文化传播方式产生了极大冲击，从而使得新媒体传播语境下文化产品的传播理念、载体和范围都发生了根本性变化。

一、媒介融合时代的文化产品变革

各式各样的新型传播媒介为文化产品的创造、共享和交流提供了平台，使文化产品的内涵、形式和创造过程发生了根本性的变化。

（一）表达形式的融合

互联网和多媒体技术使得单向、平面、静止的内容表现形式向交互、立体、跨媒体乃至多线索方向转变，使文字、图像、影像、语音等原来以不同表现形式和载体表达的内容要素得到统一。文化产品创造的边界不断拓宽，融合了移动内容、互联网、游戏、动漫、影视等几乎所有的数字内容。互联网使读者和作者实时沟通，立体化、跨媒体的文本、声音、视频等多种方式可以最大限度满足特定内容的表达需求，在动漫、游戏等应用中，内容通常由角色或事件等多条线索驱动。同时，网络应用技术的发展不断地创造着新的内容形式，如博客这种新的表现形式充分展现了自由发表、个性化写作、双向互动、跨媒体表达、超文本组织和随时更新等特性，成为彻底挑战传统出版的典型案例。

（二）创造主体的变化

完全平等、自由的互联网平台使得每个人都有平等的机会成为内容创造者，自助出版系统、按需印刷等技术也使出版的门槛大为降低。数字内容的融合使得出版、传媒、信息技术、服务等相互渗透、充分竞争，事实上改变了以行业资质区分出版主体的传统。同时，互联网和网络应用技术的发展使得大规模协作创造内容成为可能，也彻底颠覆了以个体或团队创造为主的传统内容创造方式。

（三）创造过程的革命

超文本的发明使得文化产品的内容创造过程实现了从顺序方式到非顺序方式的跨越，也使得内容表达从过程式组织转化为结构型乃至主题驱动型组织。这一改变不仅适应了人类非线性、跳跃性、联想式的记忆思维特点，能以网状的结构记忆存储及搜索再现相互关联的信息，而且建立了超出文本层面的语言层次和信息结构，极大地方便了信息搜索以及个性化的内容再组织。

二、媒介融合时代的文化产品传播特征

媒介融合时代，传统媒体与新媒体之间的界限与壁垒逐渐消融，文化传媒产业进入跨平面媒体、磁光介质媒体、网络媒体甚至移动媒体等多种介质共存的数字出版领域，衍生出了多种多样音频的、视频的、在线互动的数字化文化产品。

（一）文化传播的理念由传统和保守逐渐走向自由和现代

传统的文化传播属于由点到面的单向和被动方式传播，受众只能通过电话、信件等间接的控制来实现微弱的双向互动。新媒体的出现，从根本上改变了传统媒体单向传播的特征，充分体现出人的主动性和传播的双向互动性。另外，传统的图书、报纸、杂志、电话等媒体由于其可控制性而使文化显得较为保守，新媒体对各种媒体整合之后，改变了文化传播的传统理念，打破了原来

的传媒格局，也打破了相对稳定的文化平衡。从"感官性、全息性、面对面"等几个层面，均大大地朝人性化方向迈进了一步。

（二）文化传播的载体由单一媒介转向多种新媒介的融合

网络技术和数字技术的发展为文化的创新和传播打开了各种融合的渠道。现阶段人们可以用网络电视、手机电视、移动电视、户外大屏等各种可能的新媒体表现形式，进行全方位的文化信息资源的开发与传送。人们在互联网上可以变得见多识广、知识渊博，可以在更加短的时间里完成一定量的知识学习。互联网上每个人都可以发表见解，一夜之间可能会产生无数的文学家、诗人和政治思想家，无疑对整个民族整体素质的提高会有无限的好处。以文学作品的传播为例，过去的文学作品，只能通过报纸副刊、书籍杂志等渠道进行传播，而融合媒介的出现使得网络文学兴盛，网络文学不仅广泛快捷地传播了文学作品，还培养了大量网络文学作家。

（三）文化传播的范围由大众化转变为大众化和小众化并存

网络传媒大大拓宽了文化传播的对象及范围，使得不同国家、民族和个人之间的跨国界文化和信息交流成为可能，使人们关心的对象与范围已经不再局限于本国、本民族，人们开始作为"地球村"的一员而思考和行动。移动新媒体的运用，打破了传统媒介线性传播的局限性，手机报、移动电视等新文化产品形式的出现，最大限度地吸引了读者或听众，使某一文化内容具有更高的接受率，既满足了大众用户的共同需求，也有足够的信息空间满足其他受众的个性化需要，使文化传播的覆盖面、渗透力和影响力不断扩大。

三、媒介融合时代的文化产品创新与传播

（一）基于增值性的文化资源创新

当前，中国文化资源总量严重不足，特别是文献资源建设的范围、层次、种类不够完备，多媒体资源仍未形成规模，并且知识资源质量总体落后，信息加工与知识挖掘深度、资源激活力度明显不足，迫切需要借助现代科技开发具有增值性的文化资源。

1.功能创新

依据文化资源自身的有序性和知识间的内在关系，充分利用信息技术形成覆盖文化生产、传播、扩散、应用、评价以及文化资源保存和增值利用全过程的产业价值链，创造出文化资源大规模、系统化集成的优势，更有效地向用户揭示文化资源的内容和知识，更广泛、深刻地吸引读者，提升文化资源的传播价值。

2.协同创作

维客技术（Wiki）是以协同创作为标志的 Web2.0 核心技术之一，可以实现协同创作、协同编辑、协同审核、协同校对和协同发行。在文化内容积累上，Wiki 充分发挥了普通网民的作用，由广大网民自由贡献，与以往主要由记者、作家、专家提供内容的形式有明显的区别。维基百科全书是较为成功的 Wiki 项目，它利用身处世界各地的网民自发贡献内容，在短短数年间造就了超大规模的网络百科全书，并成为大量读者查找资料的有效渠道。英国广播公司电台实施的"超越广播"战略是网络协同创作的又一个成功典范。英国广播公司不仅仅将自己看作是内容的制作者，对内容的元数据进行更好的组织，让用户能够方便地找到他们需要的内容；也将用户看作是内容的制作者，为用户提供更好的平台，让用户参与讨论和创造。

3.内容互连

内容互连把在线期刊、电子书和参考书全都放在一个平台上实现互连，不断增加图文并茂的内容，增加具有缩放功能的高清晰图片，连接图片库，提供可运算的表格，增加有词典支持的浏览，建立多语种的语义链接功能，方便读者按电子书、期刊或在线参考书来挑选内容。

（二）基于跨媒介的文化产品传播

文化传播的根本使命是要打破语言的隔膜。跨媒介传播的根本作用就在于此。跨媒介传播模式就是针对新传播载体和传播工具而提出的一种跨媒体文化产品传播与共享形式。跨媒介传播颠覆了传统媒体传播的权威性，呈现出交互性、时移性及去中心化的特征，有助于节约文化资源开发成本，提高文化传播效率，做到文化资源共享，实现优势互补，进而产生超常规的文化影响力。跨媒介传播不再是报纸、广播、电视和网络媒介各行其是，由单一的媒介单独作战进行的"作坊式"生产，而是在各种媒体合作的前提下实现的跨媒介重组与整合，实现异体同步传播。在这一传播模式中，允许一个产品整合多种传媒，根据读者的阅读习惯，综合运用书、报刊等平面媒体，以及磁光介质媒体、网络媒体、移动媒体等跨媒体技术，对文化资源进行整合利用。此时，相同的文化产品，可以跨不同媒体同时传播。人们可以充分利用时间差，将某一媒体下已经由市场证明是成功的文化产品，通过等多种不同的方式转移到另外一种媒体中进行二次传播，以实现多渠道全媒体的同步传播。

第四章　新媒体视域下
文化创意产业的发展与传播

第一节　数字技术与文化创意
产品的创新

一、数字科技与文化创意产品创新

无论是外在环境还是产业本身，都要求文化创意产品进行创新，而创新契合点则是数字科技。近年来，国家大力支持文化创意产业的发展，无论是党的报告还是国家政策或者部门发展规划纲要等，都对文化创意产业发展做出制度性安排。从产业发展的合理性过渡到合法性，从发展传统文化创意产品到创新文化创意产业业态和产品形态，倡导文化产品的生产、创造要运用高新技术推动创新，增强文化产品的表现力、感染力和传播力，催生新的文化产品科技化形态。科技已融入文化产品创作、生产、传播、消费的各个层面和关键环节，成为文化创意产业发展的核心支撑和重要引擎。

当代数字科技包括网络技术、多媒体技术和虚拟现实技术等一系列信息技术。这些技术从不同的方面为文化创意产品提供了创新的可能，共同塑造着文化创意产品的数字化新面貌。

（一）数字科技及其对文化创意产品的影响

数字化和数字科技的核心是比特（bit），根据尼古拉斯·尼葛洛庞帝（Nicholas Negroponte）在《数字化生存》中的说法："比特是信息的最小单位……越来越多的信息，如声音和影像，都被数字化了，被简化为同样的 1 和 0。"这里将只要与数字化有关，处理的信息是 0 和 1 的比特串的技术都归入数字科技的范畴，将数字科技看作一个技术集群。

数字科技为文化创意产品的内容创新、生产和传播提供了基础。它贯穿着"产品创意产生——创意产品设计——生产——消费"等环节。随着网络技术、多媒体、虚拟现实技术等科技创新在文化创意产业领域的应用，滋生了以动漫、网游、网络电视、微电影、手机报刊等为代表的创意产业新业态，丰富了文化产品的表现力，增强了文化产品的传播力。数字科技对文化创意产品的影响主要表现在以下几个方面。

1.数字科技提升了文化创意产品的传播能力

文化创意产品也就是关于文化信息的具有传播性质的产品，数字科技主要从三个方面提升文化创意产品的传播能力。

第一，数字科技加快了文化创意产品的传播速度。传统的文化创意产品是以原子为基础的，它们的流通速度受到运送原子的限制。以印刷品为例，从印刷厂到邮局再到终端用户的发行周期常常需要好几天；电影影片的发行也需要运送笨重的拷贝。而书籍杂志或影视中的信息被数字化为比特之后，它们就可以用光速来传送，瞬间到达目的地。

第二，数字科技使得文化创意产品的传播影响范围扩大。文化创意产品在数字化以后，可以放到网上方便地进行传播，其影响范围也就从过去的局部地域变成了全球网民。

第三，数字科技丰富了文化创意产品的表现力。数字科技赋予文化创意产品的多媒体性和交互性是以前的技术很难达到的，基于数字科技的文化创意产品可以采用丰富的叙事方式和媒体手段，这大大增强了它传播文化、科技信息的表现力。

2.数字科技使文化创意产品原有的生产和表现形式过时

首先，数字科技已经逐渐在文化创意产品的生产方式中占据了主流地位，它影响并在有些方面取代了文化创意产品原有的生产形式。新的基于数字科技的生产方式之所以日渐兴盛，是因为它能够提高文化创意产品的生产效率，数字科技往往能以更少的人力、财力资源来达成同样的生产效果。

其次，文化创意产品原有的表现方式也正在显得过时，例如在文化创意内容的组织方式方面，无论是印刷类文化创意产品，还是广播电视类节目，都已经形成了某种固定的线性组织方式。而应用超文本技术的广播影视可以在不同的信息单元之间加上链接，可根据需要随心所欲地在信息之间跳转。由于这种信息组织方式更加符合人类大脑的特点，它将更有助于文化创意产品发挥功效。

3.数字科技使文化创意产品再现完整的感官体验

数字科技具备了使文化创意产品再现完整的感官体验的能力。现在普通的多媒体技术就已经能很好地将视觉和听觉结合在一起，虚拟现实技术中所用的三维传感设备也已经能跟踪动作的变化，甚至连嗅觉和味觉的数字化也已经有了成功的案例。以色列魏茨曼科学研究院发明的气味传输装置，可以将香味信息转化为一种实际上由一组数字组成的化学"指纹"，可以发出使人的大脑感觉相同的气味；日本九州大学的研究小组研发的智能传感技术，通过对人的舌头的味觉原理进行分析，也已经使味觉实现了数字化。尽管这些技术还没有在文化创意产品中得到大规模应用，但随着技术的成熟和应用环境的改善，文化创意产品综合利用各种感觉媒体来完整传递感受的功能将得以实现。

4.数字科技将使文化创意产品逆转为虚拟现实系统

根据数字科技特点，文化创意产品的数字化在推进到极致之后，将最终变成一个虚拟现实系统。文化创意产品的根本功用是传播精神文化信息，而目前看来虚拟现实系统是传播信息的理想渠道，因为它的目的是让人将自然技能与虚拟的信息环境融合在一起。现阶段的虚拟现实还处在发展初期，还需要大量的传感设备才能促成这种交流，但科技的进步也已经使人接触到了直接用脑电波与计算机交互的领域。

（二）产品创新：数字科技与文化创意产业结合点

从前面的分析可以看出，数字科技对文化创意产品的影响是多方面的，不仅包括产品创新方面，还包括工艺创新等方面。但这里主要讨论数字科技和文化创意产业的主要结合形式——产品创新。

当前文化创意产业和数字科技主要的结合形式是产品创新。这种产品创新的重点在于利用数字科技为文化创意产品增加吸引用户的特性，如多媒体性、交互性、智能性、体验性等。传统的文化产品一般不具备这些特性或相关特性不如数字化产品显著，如传统的《大英百科全书》是一堆厚重的纸质印刷品，而它的数字版可以方便地在线下载，并收入了大量的数字化图片、音频和视频，用户在搜索到相关词条后可以更容易地进行学习。

二、基于数字科技的文化创意产品创新策略

从产品层次理论来看，这种产品创新可以发生在多个产品层次上，并且不同产品层次上的创新策略不尽相同，下面将详细描述基于数字科技的文化创意产品创新的具体策略。

根据产品创新的定义，它是从用户需求出发的创新，而产品层次理论正是根据用户需求将一个完整的产品分为若干层次，产品创新也就可以在不同的层次上采取相应的策略。

（一）不同层次产品创新策略

在产品的三个层次中，核心利益产品由于过于本质化而不易创新，而基础产品、延伸产品是产品的载体和主体，相对稳定而又可以发生变化，因此是产品创新的主要层次。

在基础产品层次，产品创新的策略常常是形式创新。这是对产品的存在形式、外观表现等进行创新，如报刊书籍从纸质形态到数字形态的创新。基础产品是其他层次产品的附属品，因此形式创新也往往伴随着其他方面的创新。

在延伸产品层次，产品创新的策略主要是功能创新和服务创新，这是对产品的基本功能的改善或是增加了新的功能，如一般的文化创意产品通常是用于实用、观看，或单向度文化消费，而不具备互动的功能，而数字化的文化创意产品将增加互动、感官体验等方面的功能。服务创新主要是增加用户还没有确切期望的新的文化创意服务，例如京东、当当等购物网站的主动推送、定制服务等。

（二）基于数字科技的形式创新

基于数字科技的文化创意产品创新策略在基础产品层次上主要表现为形式创新，这可分为两种类型：将传统文化创意产品转化为数字形式和开发新型数字文化创意产品。

1.将传统文化创意产品转化为数字形式

传统文化创意产品数字化主要从以下几个方面进行：文字的数字化、图像的数字化、音频和视频的数字化、实物的数字化。

　　文字的数字化主要针对图书和期刊。图书和期刊的主要内容是文字，需要将对应的字符用二进制编码表现出来，转化为数字形式。文字的数字化已经形成了相关的技术标准。目前传统出版社、报社等传媒企业纷纷进行数字化转型，推出数字化产品，进行数字出版、数字阅读。

　　图像的数字化指将图像通过技术手段转化为数字形式。通过特殊工艺将图片加工成线条和数字符号，即图片被分割成离散像素。

　　传统音频和视频，也可以通过数字科技手段进行"0""1"转换。数字音频是模拟音频经抽样、量化和编码后得到的；数字视频同样可以对模拟视频进行转换。在数字音频和数字视频的基础上，越来越多的影视节目转化为数字形式，融入了数字影视的大潮流。

　　文化遗产（特别是古建筑或文化空间）的数字化则有所不同。其最基本的数字化方式就是拍摄数字照片和数字视频，没有太多创新之处。数字科技能为其提供更高级别的数字化形式——全息投影、三维全景等技术。

　　2.开发新型数字文化创意产品

　　除将传统文化创意产品转化为数字形式，还可以利用数字科技开发一些新型的数字文化创意产品。其综合性的表现就是近年来兴起的博物馆、文化馆、科技馆、主题公园的数字建设。

　　数字博物馆、文化馆、科技馆、主题公园几乎用到了所有的数字科技，它集中表现了基于数字科技的文化创意产品的形式创新。其中不仅有数字化文本、数字化影视资源，还包括其他一些新型数字文化创意产品。

　　另一种新型的数字文化创意产品是游戏软件，其中既有很小的 Flash 游戏，也有由专业游戏公司开发的大型游戏。数字形式文化创意产品的终极发展方向则是虚拟现实系统，即用户可以全身心投入虚拟环境中，并能用自然技能来与环境进行交互式体验。但目前的虚拟现实还处于很初级的阶段，虚拟环境的真实性并不太强，交互也比较少，并且很多还是通过鼠标键盘来进行的。

（三）基于数字科技的功能和服务创新

根据产品分层理论，文化创意产业的基础产品和延伸产品两个方面的创新，主要表现为功能创新和服务创新。

1.功能创新

提到数字科技和数字化，人们通常想到的几个新功能是联网兼容功能、多媒体功能和交互功能。因此，在基于数字科技的文化创意产品创新中，延伸产品层次上的创新策略就主要是这几个方面的功能创新。

（1）提升联网兼容功能

联网兼容功能应该是基于数字科技的文化创意产品的一个基本功能（主要是指那些虚拟文化产品）。互联网是发展趋势，未来文化创意产品都会与互联网发生密切联系。传统文化创意产品一般都不能联网访问，因此文化创意产品的数字化应该在功能创新上突出联网功能，确保数字形式的文化创意产品与互联网相连，可以方便地被用户访问并消费。

从理论上说，前述所有文化创意产品在数字化后的基础产品大都可以联网访问。现在的互联网和将来的信息高速公路都是建立在数字科技基础之上的，数字化文化创意产品只需要在服务器端准备好相关的网络接口和访问界面，用户就可以方便地在客户端通过网络进行远程访问。

但目前还存在一些限制因素，主要是受软硬件的性能影响，这同时体现在服务器、网络传输信道和客户机三个方面。对于服务器来说，其限制因素是能同时响应的用户数量；对于网络信道来说，其限制因素是带宽和拥塞状况；对于客户机来说，其限制因素是能否满足显示要求，比如一些虚拟现实类的文化创意产品需要专门的传感设备。版权是另一个阻碍因素，如超星、知网中的图书和文献都不能随意访问，涉及法律领域中的一些问题。

（2）加强多媒体功能

多媒体是基于数字科技的文化创意产品的另一个功能。在传统的文化创意产品中，只有影视产品能够提供视听两方面的多媒体感受，但在数字化之后，其他文化创意产品等也可以获得多媒体功能，在这方面形成功能创新。对游戏软件和虚拟现实系统等新型数字文化创意产品而言，多媒体功能则是它们与生俱来的功能。因此，在基于数字科技的文化创意产品创新中，加强多媒体功能也是一个重要策略。

虚拟现实系统类文化创意产品在多媒体功能方面的要求则要高出许多。虚拟现实的本质要求就是能够充分利用人的各种感觉器官，营造出一个近乎真实的环境。而现在的虚拟现实系统还处于发展的初期，主要使用的还是视觉和听觉，有时能够加上触觉和嗅觉等。利用这些新技术手段来加强文化创意产品的多媒体功能，形成功能上的创新，是文化创意产品数字化的一个重要产品创新策略。

（3）提供交互功能

数字科技可以提供的另外一个重要功能是交互功能。传统文化创意产品多是仅供人观看或单方使用的产品，而数字科技带给人们的一个基本期望就是可以进行交互，并在某种程度上实现产品的智能化。

交互功能指文化创意产品能和用户进行双向的沟通和交流，用户因此不再是被动的接受者，而是可以部分地控制文化创意产品的行为。传统的文化创意产品是典型的单向传播产品，在有了数字科技的帮助之后，用户可以与数字化文化创意产品进行一定程度的交互。数字博物馆、主题公园则比较明显地体现了交互功能，甚至达到了某种程度的智能化。智能化功能的要求比交互功能的要求更高，它是指文化创意产品在更高的逻辑层次上实现交互。

2.服务创新

当文化企业的产品品质、功能、形式差异度降低时，竞争则转向价格和成本方面，而价格和成本相差无几时，竞争的领域就转入服务。文化创意产品的服务创新主要是指产品消费者除了获得基本效用和利益，还能获得全部附加服务和利益,数字科技优化了文化创意产品的服务方式,如产品的免费配送跟踪、信息定制推送、售后服务、在线体验等。

服务是附加在文化创意产品之中的,二者的消费同时进行,消费者加入服务过程中。服务创新有利于实现产品的差异化,文化创意产品创新如果脱离服务创新,仅从形式和功能方面着眼,很难满足市场及顾客的需求。服务形式的多样性,主要是指产品所附加的服务是根据客户真实的个性化需求而提供的,服务内容、服务质量都可能具有多样性。

产品创新能引发服务创新,服务创新也有助于产品创新。服务创新有利于实现产品特征差异化,满足顾客的个性化需求,以提高顾客忠诚度和维持文化企业和产品的竞争力。

第二节 移动互联技术
和文化创意产业

当国民收入增加,物质生产能基本满足人们的消费需求时,人们对于精神层面的需求就会越来越多,文化消费也会越来越高,文化产业成为国民经济新的增长点。

自 20 世纪 90 年代,以互联网技术和移动通信技术为标志的信息革命席卷全球,伴随数字技术的发展,文化产业不断创新,由此产生了网络游戏、网络会展、数字音乐、数字出版、网络广告、电子商务、数字设计、网络电视、移动新媒体、手机电影、手机音乐、手机报刊、手机阅读等一批新兴文化产业,这些新文化形式促使了传统新闻出版和电影电视等文化产业的转型升级,利用信息产业与文化产业的有效融合，激发了文化创意产业的创新活力，为文化消费提供各类优质产品。运用数字技术，众多实物文化产品被制作成电子文件，移动手机的大量使用为文化产品消费提供广泛的市场空间，各种功能软件服务于人们的日常生活，大量文化产品供人们随时随地消费，为文化创意产业的发展提供了前所未有的机遇。电子文化产品形式越来越多，通过互联网和移动手机这些方便、快捷、灵活的手段，电子文化产品的消费模式越来越成为人们消费文化产品的主要模式。

一、移动互联技术对文化创意产业的影响

信息技术和移动互联技术是促进文化创意产业发展的重要因素，以数字软件为制作手段、移动互联网络为传播渠道的文化创意产品正在从文化创意、产品设计、销售渠道、产品体验、消费终端等各个环节对传统文化创意产业进行变革。

（一）文化创意产品制作成本降低、体验效果增强、附加值高

数字技术的发展导致各种功能软件的诞生，如电脑制图、图片修改、视频录制、电脑模拟等，这些高科技多功能软件使得文化创意产品制作精美、色彩艳丽、声音悦耳动听，消费者体验效果好，精神享受得到满足，购买文化创意产品的意愿增强。传统图书出版需要排版、印刷、装订等工序，耗费人力和纸张，价格昂贵，而电子图书只需要保存一个小小的电子文件即可，制作成本几乎为零。电子图书的成本优势使得数字出版迅猛发展。制作成本的降低，使得文化创意企业有利可图，更愿意制作文化创意产品。因此，移动互联技术增加了文化创意产品的供给数量。

（二）文化创意产品流通成本降低

传统文化创意产品一般为实物形式，产品流通一般需要经过产品包装、搬上货车、用火车或飞机长距离运输、人工卸货、派送到经销商实体店等环节，整个过程通常要耗费半个月时间，并且花费大量的流通费用。而移动互联技术的发展，使得以电子文件为载体的文化创意产品在消费市场上的流通成本几乎为零。产品制作商只需要将文化创意产品上传至网站，消费者只需上网点击下载即可，仅仅几分钟，时间短，花费少，普通大众都有这个消费能力。因此，移动互联技术降低了文化创意产品的消费门槛。

（三）文化创意产品传播渠道增加

传统文化创意产品只能通过实体店的方式进行销售，如书店、图书馆、电影院、剧院、画廊、展览馆等，覆盖范围小，只有大城市甚至实体店周围几公里内的人们有机会消费，居住在其他地区的人们由于路途遥远而不愿享受文化创意产品，并且价格比较昂贵，只有少数人有消费能力。移动互联技术使得文化创意产品的传播更加便捷，无论是在城市还是在乡镇、无论是富豪还是普通职工，只要有电脑可以上网，点击各种网站，即可消费自己喜欢的文化创意产品。因此，移动互联技术增加了文化创意产品的消费群体

（四）文化创意产品消费时间增加

传统文化创意产品一般为实物产品，不利于携带，消费者一般要拿出专门的时间来体验，如在周末去电影院看电影、下班后吃完晚饭看电视、睡觉前在床上看书。移动互联技术的出现改变了人们的文化消费方式。人们在坐公交、挤地铁的时候，可以拿出手机看电子书；坐火车的时候可以拿出平板电脑看电影；工作累了，可以抽空打开网站浏览新闻；饭后休息时间可以看看视频；晚

上睡觉前拿出手机，看看微信里朋友圈的动态。这些零零散散的时间没有被人们浪费掉，全都被用来消费文化创意产品。因此，移动互联技术增加了文化创意产品的消费时间。

（五）文化创意产品创意来源更加广泛

互联技术将文化创意产品设计者与消费者紧密联系在一起，使得文化创意产品设计者更全面地了解文化创意产品的目标市场信息，同时，网站的互动功能（如留言板、上传功能）使得每个人既是文化创意产品的消费者，又是文化创意产品的设计者，每个人都在为这个文化市场提供创意。创意不再是文化专业人士的专利，而是社会层面集思广益的结果，广泛的创意必然导致文化创意产品的增加。

移动互联技术促进了文化创意产业与信息产业的融合，文化创意产品的创造、制作、传播和消费变得方便快捷，为文化创意产业发展开拓了市场空间。

二、移动互联技术与文化创意产业的融合发展

大力推进以数字技术、移动互联技术为支撑的信息产业与文化创意产业相互融合，实现文化创意产业发展方式转型升级。

（一）推进智慧城市、数字城市建设，应用数字技术升级传统文化创意产品

当今移动互联时代，人们消费文化创意产品的方式正在从传统的实物方式向电子方式转变，一般是把电脑、手机作为工具消费文化创意产品。那么，就要将传统的文化创意产品制作成电子文件的形式，以适应现在的消费终端。应

用数字技术对传统传媒业、出版业、影视制作业、动漫娱乐业的产品进行数字化，将传统经典的胶片电影、电视剧录制成电子视频文件，将舞台歌舞剧、文艺演出和艺术展览录制成视频文件，将传统经典书籍制作成电子图书。建设数字图书馆、数字博物馆、数字艺术馆、数字书店、数字剧场等数字文化创意产品消费场所。鼓励在线教育、远程视频教育、网络公开课等多种教育形式。将文化创意产品融入人们生活的每一个环节。

（二）制作多国语言版本文化创意产品，实现民族文化走向世界

通过互联网，全世界人们时刻联系在一起，全球化不仅是实物商品的全球化，也是文化创意产品的全球化。当我们浏览外国网站、观看外文视频时，我们在消费外国文化创意产品。同样，我们也可以将我国带有民族文化底蕴的文化创意产品制作成英文、德文、日文等多种外文版本，通过互联网这个媒介，将我国文化创意产品放在外国网站上传播，吸引外国人民消费，以相对较小的成本，实现民族文化"走出去"战略，弘扬中国价值观。

（三）保护知识产权，打击非法电子文化创意产品的传播

移动互联技术给文化创意产品传播带来了便利，但也为不法分子盗版、复制、转录未授版权的电子文化创意产品提供可乘之机，严重损害文化创意工作者的利益，削弱他们从事文化创意工作的积极性。政府要加强知识产权保护力度，严厉打击各种非法侵权行为，严惩盗版商户。工商、文化部门联合公安网警，定期在网上抽查文化创意产品复制传播情况，一旦发现违法行为，严格查处，追究相关责任人法律责任。建立完善的监管体系，鼓励公众通过微博、微信等方式进行监督举报，保护文化创意工作者的合法权益。

（四）加大信息与文化复合型人才培养

积极搭建文化创意公司、网络公司、移动通信公司与高等院校的交流平台，引进文化创意产业高端管理人才，鼓励高等院校发展交叉学科，兼顾移动互联技术与文化艺术课程，在企业建立实习基地，培养学生实践能力，对于从事文化创意产业的大学生，在就业政策上给予一定优惠，鼓励复合型人才投身于文化创意产业的发展中。

（五）创新移动互联文化产品盈利模式

移动互联文化产品要想持续发展，必须创新其盈利模式。每一个优秀的文化创意产品的诞生都会消耗人力、物力和财力，这些都是文化创意产品的制作成本，如果这部分成本无法收回，文化创意产品制作公司或者个人就没有制作下一个文化创意产品的动力，文化创意产品制作的从业人员就会逐渐离开这个行业，文化创意产品的创作也就无法持续。目前，广告是移动互联文化创意产业的主要盈利方式，点击率是广告投放的主要参考指标。

（六）加强对移动互联文化创意产品的监督审查

移动互联文化创意产品已经是现在重要的文化传播手段，由于移动互联文化创意产品的创作可以分布在人群的各个角落，每一个个体就是一个创作源，不同个体的教育背景、家庭背景、生活经历并不相同，每一个个体对社会的看法也不会完全一致，而移动互联文化创意产品对人们的价值观和世界观具有重要影响，移动互联网文化创意产品对我国国民素质和国民精神具有重要的引导作用，因此我们要对这一领域进行必要的监管，对移动互联网文化创意产品的内容进行审查，对低俗文化予以销毁，对违法产品追根溯源，找到违法产品的制作者和传播者，依法对其惩处，保证移动互联文化创意产业的健康发展。

第三节 新媒体艺术与文化创意
产业的有机融合

新媒体有三个基本特征：一是改变了传统媒体的传播形态、状态，二是增强了信息传播的互动性和即时性，三是实现了高科技、多技术、多媒介的融合。

而新媒体艺术以信息科学和数字技术为载体，以现代艺术为内容，以大众传播科学理论为纲领，利用媒介传播技术将科学与艺术高度融合。新媒体艺术应用到文化、艺术、商业、教育和管理领域，能对文化艺术本身和文化创意产业产生重大影响。

一、新媒体与文化创意产业有机融合的具体领域

新媒体作用于文化创意产业的具体行业有：新闻出版发行业、广播电视电影服务业、文化艺术服务业、文化信息传输业、文化创意及设计业、文化休闲娱乐业、工艺美术品生产业七个行业。新媒体本身渗透性极强，影响并作用于文化创意产业的各个环节中，从创意内容生产到推广流通再到消费都紧密相连，文化创意产业在新媒体的影响下正在发生深刻的变化。

二、新媒体艺术赋予文化创意产业新的特性

（一）数字性

传统文化产业已开始蔓延到数字内容产业的发展方向，数字内容产业以创

新为动力，结合文化资源的最新数字技术，以一种新的生产方式和消费模式产生了一个新的产业群，培育新的消费群体，然后用高端技术实现数字化升级，带动传统产业，创造了显著的经济和社会价值。

在会展行业，新媒体突破了传统展览方式的局限，使有限的珍贵文物资源数字化，世博会上"会动的《清明上河图》"就是文化数字化的形象展示。同时在展览方式上，上海美术馆、国家博物馆、北京天文馆都增加了网上观展的渠道，用户只要在互联网上，就可以实现360度全景观看，同时还可进行一定程度的互动。

（二）交互性

当我们拿起手机看视频、阅读新闻时，当我们完成邮箱、购物网站的会员注册时，或者当我们进入论坛发表自己的观点时，又或者是当我们玩游戏与其他玩家交流时，不知不觉我们已经完成了某种意义上的人机交互，这种特别的交流方式是新媒体赋予文化产业的另一个特性。文化产业中新媒体的交互性体现在两大方面：以空间中墙面、地面为代表的实体环境内的互动和以窗口界面为主的虚拟环境下的互动。不得不说自有计算机以来，键盘、鼠标在过去近半个世纪成为人类与计算机沟通时的最主要和最常见的介质（或者说是工具），然而，当语音识别、光学字符等识别技术迅猛发展并且能达到有效交互的目的时，人们就能够摆脱键盘、鼠标，只需在触控屏上用手指点一点、划一划、写一写，或者对着机器说几句话让它为我们做点什么，甚至只需在几个摄像头前随便做个表情或者手势，就能达到互动的效果。然而这些仅仅是技术和表达手段上的革新，并没有发挥交互过程中客体的意义和价值。互动性是指在信息传播的过程中，客体与主体发生同步交流，一本书、一个新闻、一个展览品，内容意义在传播的同时仅仅具有一部分确定性含义，而另一部分的内涵及意蕴可以在传播接受中不断完善和丰富。

因此，交互性的内容本身就是一个需要设计的审美互动，艺术家的理念通过交互体验去传递、表达和完善，这就需要在设计过程总体现审美接受客体的价值，预留出审美意义的空白，通过创造出丰富的交互体验，来完成审美互动的价值空间的构建，来帮助人们交流和理解，最好的用户界面就是能创造有意义的用户体验的界面，这是一个虚拟环境交互设计者的追求。然而目前的困境是，如何利用界面设计吸引观众参与互动，用怎样的方式来使观众互动。宜家网站就把产品生活化，先拍摄出每个系列产品在一个普通人家的布置和使用情况。当鼠标滑过的时候，静态的页面就复活成动态的生活场景，演绎一个生活的片段，将宜家的产品显示出来。

（三）超文本性

新媒体自产生以来总是离不开网络这个范畴，一张信息网无非是信息传输、接收和共享的虚拟平台，如果说信息数字化实现了信息的传输和接收，那么当 1963 年德特·纳尔逊（Ted Nelson）创造出"超文本"这个术语时，这样的由超链接的文本和图像信息组成的空间已成为信息网络中的文本共享的重要载体。在网络空间，超文本链接使一页文本或图形链接到其他页面，人们浏览网页时，点击网页上的关键词就会进入另一个带有这个关键词内容的网页。

（四）虚拟性

网络技术的兴起与普及，使新媒体实现网络化的同时也实现了对现实世界的虚拟。互动装置、人机对话、体感游戏等的运用打破了沉默单一的观展体验，使游客充分融入展览主题空间之中。

第四节 新媒体视域下
我国文创产业发展的对策

在人类进入信息时代的今天，文化创意产业具有较为广阔的外延。从一般意义而言，文化创意产业主要是对文化资源加以挖掘、整合和运用，通过创意人员思维的创造性，创造经济价值的知识服务类产业组合，其涵盖了设计、出版、广告业、策划、影视等多个行业。相较于传统农业、制造业、劳动密集型服务业等其他产业而言，文化创意产业具有独创性、高科技性、强辐射性和高附加值等特征。

随着文化软实力在国家竞争中的作用日益凸显，文化创意也逐渐上升到国家和社会的战略层面。进入 21 世纪以来，文化创意产业成为朝阳产业，加速了与其他产业的融合，扮演着 21 世纪的新兴产业领跑者的重要角色。

一、新媒体视域下文化创意产业的机遇与挑战

随着互联网的迅猛发展，基于互联网这一新媒体的新型传播方式应运而生，目前，新媒体作为一种新型网络工具和应用模式及信息传播载体，大体可分为以下三种类型：一是博客。博客即网上日志，主要用于个人感悟生活、交流思想，具有高度开放性、可转载的特点。二是即时通信工具。以微信为代表，具有互动性强和传播周期短的特点。三是流媒体。主要包括网络上的可传输和可点播的音频、视频数据流，主要用于交互式游戏、视频点播、视频会议、远程教学等。目前，以互联网为代表的新媒体已经真正融入中国社会生产生活的方方面面，更为文化创意产业提供了新的发展机遇。

（一）新媒体视域下文化创意产业发展的机遇

1.互联网成为文化创意产业发展的新平台

互联网的不断发展、手机移动客户端下社交媒体的日益普及，为文化创意产业开启了新的虚拟市场空间。以融资为例，相较于传统的文化创意产业融资渠道，强大的互联网以其巨大的传播影响力和超强的聚合力，为文化创意产业的融资提供了新的方式，引发了巨大的变革。

2.大数据成为文化创意的新参考

在新媒体飞速发展过程中，大数据成为新媒体最有价值的应用之一，对于文化创意产业而言，互联网海量信息的背后，内含着亟待挖掘的文化创意元素。以文化创意中的电影策划为例，美国好莱坞电影文化工作团队，在策划与制作过程中，摒弃了传统的制片团队的单向叙事模式，充分利用互联网的大数据功能，对全球网民特别是美国网民以往的观影大数据进行研究，并对其进行了精密的分析。据报道，电影制作团队通过分析著名的视频网站 Netflix 等的数据，采集了众多用户的相关数据，分析了用户的回放时间、快进频率、频段以及观影评论等内容，并进行互联网的大数据统计分析，判断观众对何种情节感兴趣等，从而以此为基础，精心策划影片的内容、情节以及动作设计，更好地迎合文化市场的需求。

3.数字化成为文化创意产品的新样态

在新媒体视域下，文化创意产品的载体不再是纸质媒体，而是使用解码技术将原有的二进制内容，转换成读者直观可见的文字、声音、图形、图像等信息形式。此外，新媒体的传播方式，也不再是一对一的，而是一对多、多对多、多对一的。目前，随着网络信息推送技术的日臻成熟，文化创意产业中的产品已经日益从静态向动态转变。

此外，文化创意产业还可以超越传统的媒体传播渠道，超越时间、空间、地理环境、气候等限制，以二进制的形态，借助发达的互联网络等进行传播，极大地降低了文化创意传播所需的成本。

（二）新媒体视域下文化创意产业面临的挑战

1.文化创意面临着大众文化的挑战

随着新媒体技术的广泛应用，我国的文化创意产业在飞速发展的同时，也面临着大众文化的挑战。原因在于，基于网络产生的书报、微电影、网络小说、网络视频等，借助新媒体的传播优势，形成了当下的大众文化。一方面，这丰富了文化样态，为文化创意产业提供了创意资源；但另一方面，基于新媒体传播的大众文化，在追求时尚、迎合大众的同时，也存在着低层次欲望和感官的满足，追求同质化、趋同化的消极影响，容易引发文化创意的浅显化和庸俗化，并有可能导致文化创意产业陷入以营利为目的发展困境。

2.文化创意产业面临人才匮乏的挑战

文化创意作为一个复合型学科，需要文化、策划、营销、视觉传达、动漫设计等多学科门类的知识作为基础，其人才培养需要专门化的路径。但是，从我国目前文化创意人员的队伍构成看，文化创意人员的整体层次与欧美、日本等发达国家和地区相比，呈现出良莠不齐的现状，一个突出表现就是文化创意人员的非专业化。由于我国文化创意的专业人才培养起步较晚，其渠道一般集中在高等教育以及中等职业教育，而且由于受到市场经济的利益驱动，一些院校匆匆开设文化创意专业，但师资力量不足，导致文化创意人才培养质量令人担忧，数量供给不足。而在职的文化创意人员很多是半路转行，缺乏继续教育的渠道，造成我国文化创意人才匮乏，无法满足现有文化创意产业发展的需要。

二、新媒体视域下文化创意产业发展的路径探析

（一）提升创意的自觉与自信

文化创意产业应当以高度的文化自觉，延续和发展中国文化基因，进一步激活中华文化自身的生命力，在"走出去、请进来"中实现文化的自信与自强，使得中华优秀文化成为文化创意的重要元素。在"走出去"方面，文化创意产业可以借助旅游文化、饮食文化、民俗文化等走出省外、走出国门，在多元地域文化交流中实现各美其美；在"引进来"方面，文化创意产业要尊重艺术创作与市场推广的规律，引入文化与设计融合的理念，借助建设社会主义文化强国的政策，真正地发挥出文化创意产业的特色优势。

（二）着力开展"互联网＋"实践

在以互联网为代表的新媒体高速发展的今天，文化创意产业作为新兴朝阳产业，要获得未来的长足发展，必须重视与互联网的深度融合。例如：文化创意产业要结合自身所处的产业发展链条，开展与互联网企业的战略合作，充分利用和发挥新媒体的优势，在创意定位、受众人群、市场营销推广、外围产品宣传、客户关系网络建设等方面，借助互联网的聚合传播功能，发挥社交媒体的人脉与口碑功能，利用云计算和大数据开展精准分析等，开展文化创意的"互联网＋"实践，促进文化创意产业的新发展。

（三）加大文化创意人才培养力度

加大人才培养力度，是解决文化创意人才匮乏问题的关键。目前我国的文化创意人才培养，各个院校有趋同化的趋势，院校的教学模式、培养定位大同小异。基于此，国家应当针对文化创意人才培养存在的问题与市场需求，充分

利用现有高等教育资源，从专业设置、人才培养、校企合作、理论研究、业态整合等方面，从人才培养与行业发展对接的战略高度，加大对文化创意相关人才培养的支撑，培养能适应文化创意产业结构需要的设计人才，为未来我国文化创意的产业可持续发展提供人力支持。

第五节　新媒体视域下文化创意产业的媒介营销趋势

哈罗德·伊尼斯（Harold Adams Innis）在《传播的偏向》一书中对时代变革和媒介变迁的互动历程做了梳理，他的目的是澄清媒介在时空传播层面的特质并梳理媒介传播与文化、生活的复杂关系。这种尝试其实并不过时，在 21世纪，众多快速而剧烈的变化正在媒介层面发生。与之相伴，新媒体时代也构建和塑造了当下及以后的文化与生活样貌。

时至今日，文化产业领域已经承载了诸如文化振兴、区域经济发展、艺术形式（技艺）传承、旅游资源开发、知识产品贸易等层面的期望，而其背后是国家民族、各级政府、文化企业与组织团体以及个人的殷切目光。机遇与挑战并存的现实环境中，网络的交互性以及开放性、可书写性、共享化特质，正在继续改变着文化产业的整个生态。从 PC 终端到移动传媒，从传统纸质阵地的电子化到广告的全媒体表达，从平面宣传到立体传输，从影音展示到游戏参与机制，从双向书写到人人社区，一个前所未有的局面即将形成。新媒体时代，文化产业的营销变得更加丰富多样。

一、文化产业与文化产业营销

　　文化产业不像传统产业那样具备清晰的投入和产出形态。它有自己的投入和产出形式，但并不局限于某一个种类和部分。"文化"的范畴从来都不是截然明确的，文化产业的体系也相对开放多元。文化成为一种可以和产业发生关系的资源和基础，而产业运作过程则表现为生产文化产品并满足市场的需求和大众群体需要。文化产业向来有"内容为王"的说法，这形象地揭示了文化产业中内容创意的重要性。在创意产生并形成固定的内容，最终以产业链的形态出现时，类似故事、节目、活动等文化艺术形式的知识产权才得以构成文化产业的核心。在这一微妙的转化过程中，市场及商业层面的经济规律发挥着重要作用，决定着文化产业结构天平的两端：文化与市场。市场的有效运营和效益最大化，自然回避不了日趋重要的营销问题。文化产业营销的理念在不断拓展丰富，变得更加趋向于对市场乃至生活中人际关系和社会环境的重视。在立体性和多维性更加凸显的营销视野中，文化产业的营销更应思索文化、人、市场之间的辩证关系，更应关注文化产品的特性与受众群体的自我实现之间的有机联系。而这种现实需求，便直接导向了对新媒体营销功能的深入发掘和使用层面。

二、新媒体范畴与文化产业领域

　　文化产业和媒体之间存在着诸多交叉地带，媒体范畴实际上扮演着文化产业内容和文化产业宣传者、文化产品营销者的多重身份。在 20 世纪七八十年代以后的国内外相关职能部门的政策语汇中，媒体及其市场和产业都被当作"文化产业"的一部分。按照一般传统媒介文化市场和新兴媒介文化市场的区分方法，新闻出版、广告业、影视演艺、文化旅游等属于前者，而互联网产业、移动终端产业、创意设计、动漫游戏等属于后者。当然，这种区分是相对的，因为在媒介融合和新兴媒介日益改变整个人类社会存在态势和样貌的当下，所谓传统媒介体系中已经有了比重日益增加、作用日益凸显的新兴媒介。而新兴媒介市场则一方面作用于传统媒介文化，另一方面又和传统媒介文化市场彼此联系甚至资源共享、深度合作。

马歇尔·麦克卢汉在《理解媒介——论人的延伸》中做了诸多影响深远的论断，其中"媒介即讯息"和"媒介是人的延伸"的提法最为精到。究其实质，其振聋发聩之处有三：其一，清晰地点出了媒介承载信息的本质特征，进而把媒介对人类及人类社会的形塑和影响功用凸显出来。其二，着重提出媒介对于人的感官认知的意义，从而指出了人处于媒介环境中并依托媒介存在和生活的现实。其三，对媒介功用的重视和对人类媒介化生存态势的深刻关注。

从对新媒体的界定出发，列夫·曼诺维奇（Lev Manovich）总结了新媒体的五大原则：①数字化呈现，媒介物的数码化；②模块化，媒介物包含有相对稳定的模块结构，媒介物之间的组合构成更高级的媒介；③自动化，基于数值化和模块化所实现的媒体创作；④变异性，基于数值化、模块化和自动化，特定媒介数据库中可以实现无限变异，如影像编辑软件中实现的特效调整功能；⑤跨码性，新媒体中的"文化层面"与"电脑层面"、技术层面与人类层面的互相影响和渗透。

从对新媒体的形形色色的描述和界定看，有几个方面的稳定特质是得到认可的。其一，新媒体是相对的概念。"新"是相对于"旧"而言的，不存在永远的新媒体，一种新媒体必然面临着发生、发展、变形甚至终结的过程。其二，在特定的时间段里，新媒体仍拥有相对稳定的内涵。在当下，新媒体特指那些基于数字技术和网络信息平台，实现超越既有媒体功能、突破媒介界限的媒介。其三，新媒体既是整个媒介文化产业的一部分，又能助推诸如影视、音乐、广告、游戏等文化产业的创新化、升级化发展。一方面，新媒体衍生了诸如在线内容消费（在线音乐、视频节目、电子期刊等）的庞大阵容，为以新媒体为核心的文化产业创新提供了来自内容和形式两个方面的活力。另一方面，新媒体又是文化产业推广、宣传自身的传播利器。在网络空间的强到达率和广覆盖率面前，依托门户网站、网络视频、搜索引擎、论坛、博客、微博、微信、数字电视、户外新媒体等具体平台的新媒体营销时代已经开启。

三、国内文化产业的新媒体营销趋势

新媒体营销指应用新媒体工具进行营销活动以达到商业销售目的。新媒体营销的首要特质是营销渠道与工具的新媒体化，这与现代市场营销理论的理念并不冲突，其核心依然是满足别人的需求并取得利润。因此，对于文化产业的新媒体营销而言，文化产业相关产品（商品或服务、体验、产权、创意等）是被营销的对象，新媒体是营销工具，其目的是促使消费者（个人或群体组织）完成购买行为，满足自身需要。

（一）广泛的营销渠道：泛化与组合

当下新媒体是在数字信息技术基础上产生和发展的，莱文森（Paul Levinso）称其为"新新媒介"。与目前新媒体的"势力版图"相伴，文化产业新媒体营销涉及了几个大的板块：

1.互联网媒体营销

在文化产业领域，这股营销风潮同样强劲。以我国电影产业近年来的营销实践为例，互联网媒体营销已经成为至关重要的一环。除却那些依托网络斩获口碑和关注度的小成本影片，还有大量的电影预告片、影片制作花絮、片场故事、影评人评价等。

互联网媒体营销主要指那些基于网络而实现的营销活动，其主流方式包括网站、搜索引擎、博客、微博、电子邮箱等。经过近年来的迅猛发展，互联网媒体营销正在发挥越来越重要的作用，它凭借网络沟通的便利性和互动特质，往往以营销成本低、效果明显著称。互联网媒体依托的是新媒体环境中人类群体的网络化联系，人类依托数字网络而建构现代生活，互联网的媒体营销策略也依托具体媒介样式以保持与受众的紧密联系。

2.移动媒体营销

移动媒体是以手机或平板电脑等移动终端设备为基础，依托网络平台实现传播的大众媒介。以手机为代表的移动媒体营销，正在深刻地影响文化产业的营销策略，其营销功能已经体现在短信、彩信、手机报、手机视频、手机电视、手机微博、软件应用、二维码应用、手机网络等丰富的形式中，形成了一股"指尖上营销"的潮流。

3.大电视媒体营销

相对于网络时代的营销方式，电视营销和纸媒营销都属于传统营销范畴。然而，目前电视媒体与网络、多媒体、通信技术相融合的趋势日渐显著。数字电视实现了从传统模拟信号向数字信号传输的变革、交互式网络电视则将网络与电视终端深度结合，最终形成了大电视媒体的格局。目前从播放终端上看，具备网络功能的电视已经成为市场主流；从内容整合上看，网络电视兼容了网络视频公司的自制内容和广电媒体的日常节目。近两年以来，乐视、小米等迅速推出自身的网络机顶盒或网络电视，目的在于利用自身内容生产、集成或品牌优势，参与当下大电视产业的竞争，培养用户并开拓市场。在此过程中，电视媒体的营销功能不但没有弱化反而得到了进一步拓展。以往惯常采用的电视广告仍然被广泛使用，而植入式广告和贴片广告则随着电视内容的丰富而得到进一步发展。

4.户外新媒体营销

户外新媒体主要包括户外电子显示屏和楼宇电视、车载电视等，目前车载媒体主要承担移动视频播放的功能，社交和互动功能尚待发掘，其营销功能主要以播放文化产品广告为主要体现形式。值得一提的是，在目前国内的文化演出宣传中，户外大屏幕营销和楼宇电视、车载电视的滚动视频宣传较为多见，其价值体现在流动人群覆盖和演出信息（演员阵容、演出规格等）的即时性传播上。

概而论之，在文化产业的新媒体营销实践中，既有针对电脑网络平台展开宣传推广的情况，也有针对上述多个或全体板块进行的投放行为。前者主要体现了当下新媒体营销中可选媒介平台及方式的多样化，后者则迎合了媒介融合趋势下的信息传播需要，在传播过程中直接表现为在泛平台基础上实现的媒介组合化扩散。

（二）视觉文化的洗礼：网络视频营销发展迅猛

网络视频广告的优异表现是近年来网民视频消费习惯推动的结果。当下网民已经培养成通过网络视频观看热播影视剧的习惯，这使得在线视频媒体的价值不断得到提升，吸引了大批广告主的投入热情。此外，伴随着植入式广告和冠名广告以及微电影营销方式的深入拓展，网络视频的营销功能还将被进一步发掘。

文化产业的网络视频营销表现为文化企业或文化产品生产者以及相关社会机构通过网络视频载体将相关信息传播出去，实现影响消费者并达到营销目的的营销方式。目前我国网络在线视频的主要收入来自广告，这也意味着在线视频承担着大量为广告主及商家宣传推广产品的服务。

在网络视频对文化产业的营销模式中，微电影营销是近年来表现较为活跃的形式之一。以旅游主题微电影为例，包括庐山、九寨沟等风景区以及南京市旅游局、河南省旅游局等机构在内的各级单位和组织都纷纷推出微电影作品，将旅游资源以视听画面的形式呈现出来，并嵌入爱情故事、搞笑题材等多种素材，最终获得高点击率和关注度，取得了较好的传播效果。和以往单纯网络视频插播广告相比，微电影的叙事性更强，更容易结合当地旅游资源展开基于人文背景、市井生活的叙事。

第六节　新媒体视域下
文化创意产业发展探索

在科学技术不断发展、人们物质生活水平显著提高的时代背景下，人们越来越重视精神文化生活水平的提高，国家也越来越重视对文化创意产业发展的扶持。现阶段依托计算机技术的飞速发展，新媒体的传播渠道更加丰富。新媒体是相对于传统媒体而言的，它是在报纸、电视新闻广播等传统媒体上发展起来的，新媒体在信息传播的过程中具有消解国家之间、社会成员之间以及产业之间的传播壁垒的特点，使信息传播真正突破了时间与空间的限制，有利于各群体之间的交流，这给文化创意产业的发展带来了更多的机遇。文化信息和部分创意类设计通过各种新媒体渠道能够以声音、视频、图片、文字等更多的方式呈现出来，这种多元化的呈现方式能够使文化创意类信息更有吸引力，能够增加文化创意类信息的传播深度与传播广度。在新媒体视域下，每个人都能基于自己独特的思维意识创造信息和传播信息，这打破了文化创意类信息创造者身份的边界，有利于文化创意产业创造形式多样的创意产品。此外，文化创意产业通过这些新媒体渠道，可以对不同群体的用户所产生的个性化需求进行分析，并据此设计出有针对性的文化创意产品。

一、新媒体在文化创意产业发展过程中所发挥的重要作用

随着科学技术的发展，现阶段人们的生活与办公都离不开各种智能设备，人们只要在空闲的时间打开手机就能了解到世界各地的热点话题，图书报纸也不再是必需品，人们在电子图书馆当中就可以阅读。同样新媒体时代也为文化事业的振兴和发展带来了巨大的影响，现阶段文化创意产业在开展的过程中已经离不开线上与线下宣传的结合，尤其对于年轻群体来说，线上文化创意产品的宣传更加受欢迎。总体来说，新媒体对于文化创意产业的影响十分广泛，主要表现在以下几个方面：

（一）新媒体能够提升文化创意产品的价值

首先，新媒体时代是各种碎片化信息充斥的时代。与传统文化产业相比，新媒体视域下文化创意产业发展更加自由、开放。因此，新媒体视域下文化创意产业要想在市场竞争中获得优势，就需要更具创意性，以满足不同消费群体的自主选择需求。其次，在新媒体时代，信息传播渠道的增加也大大降低了文化创意产业发展的成本，文化创意产业的经营风险也随之降低。再次，随着新媒体应用变得越来越广泛，我国针对新媒体视域下信息的传播制定了相关的法律法规，使得文化创意产业能够在技术和知识产权方面得到有效保护，最大化地发挥文化创意产品在市场流通过程中文化传播的效果，进而提升文化创意产品价值。以我国物质文化遗产和非物质文化遗产的传承与保护为例，面对这两类文化遗产传承与保护困难的局面，新媒体视域下文化遗产管理人员借助各项

多媒体技术，采用虚拟化的数字保存形式，如生成相关的视频、图片等。譬如在敦煌莫高窟内，当游客人数过多时就会给墙面上的壁画带来损害，因此工作人员需同行，并通过现场观摩与数字观摩相结合的方式最大程度地保护这些珍贵的资源。最后，在传统媒体传播背景下，文化创意产品的价值主要依靠的是作者的知名度和才气。而在新媒体传播环境下，一方面，文化创意产品可以凭借各种高科技的附加值来增加其本身的价值；另一方面，无论作者本身是否具有知名度，只要文化创意产品足够新颖和独特，就会有较好的市场前景。

（二）新媒体以全新的经济形式推广文化创意产品

一是体验式经济。体验式经济是一种全新的消费推广方式，主要是指企业建立一个服务平台，将自己所生产的商品作为道具，让消费者选择相关的角色，然后通过各种道具模拟实物以体验效果。这种体验式经济采用一种类似于游戏的模式，以体验为主，以商品为辅，目的在于给消费者留下深刻的印象，吸引消费者购买相关的商品。新媒体视域下借助互联网以及各类虚拟现实技术可以实现文化创意产品与消费者之间的互动，例如，在四维电影院当中借助声音、光纤设备、动作体验设备等全方位的模拟，将电影当中虚拟的场景最大程度展现出来。

二是美学经济。美学经济指的是文化创意产业基于不同群体的审美价值和主流文化，生产具有美学价值和文化价值等附加值的文化创意产品。新媒体能够实现艺术生活化，能够促使艺术文化共享空间的形成，推动美学经济发展。

新媒体视域下，文化创意产业通过在网络平台上与消费者的沟通与交流，以体验式经济与美学经济的形式使得文化创意产品变得更加平民化、生活化，让产品更加实用、更容易被广大群众理解和接受。

二、新媒体时代文化创意产业发展的策略

（一）依托多媒体平台实施文化创意产业品牌战略

树立知名度较高的品牌对现阶段各类产业的发展来说都十分重要，文化创意产业在发展的过程中也需要基于自己生产的文化创意产品进行品牌定位与建设。文化创意产业在发展的过程中要继承与发展中华传统优秀文化，从历史经验当中深入挖掘与现代主流文化相契合以及人民群众喜闻乐见的文化内涵，打造定位清晰、识别度高的文化创意产业品牌，这样不仅有利于弘扬和发展中华优秀传统文化，还有利于文化创意产品走出国门、走向世界。在新媒体视域下，文化创意产业的发展更要借助多元化的新媒体传播平台，再加以有效运作，使文化创意产品得到更多的宣传。首先，在借助新媒体促进文化创意产业发展的过程中，要瞄准发展方向，紧紧围绕产品文化立意确定消费群体，通过新颖的传播方式提升文化创意产业品牌的知名度。其次，要突出打造具有民族文化的品牌。中华文化博大精深，在设计文化创意产品以及打造文化创意品牌的过程中要继承中华优秀文化的精华并进行创新，充分发挥文化创意产品传播文化的作用。

（二）加大资金扶持力度和完善政策体系

虽然新媒体视域下借助互联网进行文化创意产业的相关宣传为各大文化创意企业减少了许多资金负担，但建立一个有规模的文化创意产业需要大量的资金投入。因此，各级政府部门在文化创意产业发展的过程中要通过设立文化创意产业专项发展建设资金、文化创意技术人才引进资金等方式对文化创意产业进行资金扶持。国家也要鼓励各大银行对文化创意产业的投资，建立健全文化创意产业的信用担保体系，进一步激活文化创意产业市场。国家还可以鼓励

文化创意产业在符合国家企业发展规范的基础上拓宽直接融资渠道，发展状态良好的文化创意产业可以在各大证券交易所上市或者发行债券。地方政府也可以通过对文化创意产业进行资金补助的方式吸引一些传统企业向文化创意产业转型。此外，国家要加强对文化创意产业政策体系的进一步完善，对于文化事业单位、文化创意企业进行分类并制定相应的政策管理体系。对于不同地区的文化创意产业应根据实际情况采取不同措施，使文化创意产业的发展更加多元化。制定相应的评价指标，建立科学的认证体系，使文化创意产业的发展更加规范。政府在进行某一地区土地规划的过程中，也要为文化创意产业留出一定的土地空间，从多个层面共同支持文化创意产业的建设与发展。

（三）借助新媒体平台对文化创意产品进行推广

随着新媒体的迅速发展，传统的文化创意产业面临着升级与换代。因此，各地区在发展文化创意产业的过程中要深入掌握新媒体平台信息传播特征，借助新媒体这一传播媒介对各种文化创意产品进行推广，使文化创意产业的市场更加活跃。在人类社会物质生活条件越来越丰富的当今时代，文化创意产品是社会发展和人们精神需求的必然产物，而新媒体也是对传统媒体的革新，这两种新事物在发展的过程中应该相互学习、共同进步，使两个领域都拥有更好的发展前景。一方面，文化创意产业要借助新媒体的快捷性、时效性和交互性等优点转变自身发展方式，另一方面，新媒体视域下人们的审美需要和对文化的需要都发生了变化，文化创意产品设计师也要不断与时俱进，对自己的设计理念进行革新，创作出人民群众喜闻乐见的文化创意产品，使文化创意产业取得长足发展。

第五章　新媒体视域下新闻出版产业的发展与传播

第一节　新闻出版产业的内涵与特点

作为文化创意产业的重要组成部分，新闻出版产业对满足人民群众日益增长的文化需求以及提升国家软实力具有关键性的作用。新闻出版产业既具有自带的商业属性特征，又具有强烈的形态特征。

一、新闻出版产业的内涵

目前无论是学界还是业界，有关新闻出版产业的理论研究和评价体系都显得略微单薄。要想理解新闻出版的内涵，必须要解决内涵问题之一，即新闻出版是不是产业。在社会主义市场经济下，新闻出版的双重属性应该被综合考虑。新闻出版主要包括图书、报纸、杂志，音像、电子、网络六类出版物出版，以及编辑出版，印制、销售（发行）三大行业。新闻出版产业应定义为从事图书、期刊、报纸、音像、电子、数字出版六大出版，且涉及出版、印刷、发行三大领域的企业经济活动的集合。该产业是以生产图书、期刊、报纸、音像、电子，数字出版物等多元化产品形态为主的产业，隶属于文化创意产业，是国民经济体系中独立的、不可或缺的部门之一。我们可以对新闻出版产业的内涵进行一个大致的界定，即新闻出版产业是从事图书、期刊、报纸、音像、电子游戏、数字出版，涉及印刷、出版、发行三大领域的现代企业经济活动的总和，且具有鲜明的形态属性特征。

二、新闻出版产业的特性

新闻出版产业不仅具有形态属性，还具有商品属性的特征。新闻出版的形态属性不仅体现在新闻出版的物质产品中，还存在于新闻出版的印刷、流通环节。作为文化创意产业中的重要一环，新闻出版产业是党和政府舆论宣传的重要阵地，也是影响社会稳定发展的重要力量。作为市场活动分工以及社会生产力不断发展的精神产物，新闻出版产业必然要遵循市场价值规律的影响，因而其在生产运作、分配的过程中具有商业经营的属性。此外，新闻出版业又是服务行业，具有社会公益性质。新闻出版业致力于满足人民群众的精神文化需求，在公共文化需求以及基础设施建设上不断提升自我服务社会的水平和能力。事业与产业是新闻出版业发展的两翼，在社会主义市场体系不断健全的同时，新闻出版公共服务体系建设取得了显著进展。

第二节　新闻出版产业品牌建设

一、新闻出版品牌的内涵

新闻出版品牌是以出版机构为主体，以受众消费者为中心，由新闻出版产业的各要素构成，以媒介为载体的有关新闻出版业各种符号的集合。学界关于新闻出版品牌的认知有三点：一是认为新闻出版品牌分为报刊图书品牌和影视出版品牌；二是认为新闻出版品牌是有关新闻出版要素的集合；三是从产品生产与营销的角度重新定义新闻出版品牌。具体就是将新闻出版品牌中的观众、读者视为受众，将新闻出版发行机构视为企业，将新闻出版物视为出版产品，并以此开展相关研究。

在这里我们不能忽略的是，近年来，新闻出版品牌研究对消费者的关注度越来越高，以受众为中心的品牌定位理念在市场经济活动中得到显著提升。新闻出版产品本来就是文化消费产品，人们对其的使用更多停留在精神层面，而非物质层面，这一天生的产品属性要求经营者要把握好这种内在关系，注重与新闻出版产品消费者的双向沟通，让消费者对新闻出版品牌产生信任感。公信力和权威感是新闻出版品牌成功的内在精髓。与此同时，信息技术的发展，让媒介在塑造新闻出版品牌的形象中扮演着越来越重要的角色，新闻出版品牌不仅包括新闻出版产品品牌，还包括新闻出版企业品牌以及新闻出版产业品牌。新闻出版产品品牌是新闻出版品牌的核心部分，企业又是新闻出版产品的生产主体，只有以产品发展带动企业发展，才能使得企业发展，促进产业成功。新闻出版产业品牌的战略建设离不开优质的产品，只有好的新闻出版产品品牌才能打造出优秀的新闻出版产业品牌。

新闻出版品牌是国家文化竞争力的综合体现，是一个国家乃至民族核心价值的外在体现，是国家与国际竞争力的核心要素。要把文化创意产业发展视为国民经济的支柱性产业，新闻出版产业在实现这一目标的进程中肩负着重要的使命。

二、新闻出版产业品牌建设的方法

（一）树立系统的新闻出版品牌传播理念

新闻出版产业的生产模式是一个高度组织化、系统化的模式。建设新闻出版产业品牌要秉持整体的理念。要对新闻出版要素、出版印刷、传播环境以及品牌传播理论有清晰、深刻的认识。出版法人、出版资料、出版工具是新闻出版的基本要素，新闻出版人才队伍的建设、出版物的外观形式以及技术渠道的选择都会给消费者带来不同的产品使用体验。传播环境是指经济、政治、文化以及社会文化的发展现状，新闻出版产业的自由是有边界的，正因为如此，所以要对所处的信息环境有一个全面的认识，要在了解相关的政策与条例的前提下进行市场活动。

（二）坚持原创性的新闻出版品牌培育理念

当前，文化创意产业可谓是百花齐放、百家争鸣，新闻出版产业也取得了很大的进步。但行业内也普遍存在着缺乏具有竞争力和影响力的文化产品的问题。图书以及影像领域的新闻出版产品同质化现象较为严重，内容缺乏一定的深度和广度。在市场环境中难以与优质原创产品匹敌，不仅在国内市场难以取得消费者的认可，在文化"走出去"这条道路上也难以继续前行。这就要求新闻出版产业要转变生产理念，采取精品化的路线，在深入市场以及生活实践的基础上沉下心来创造出优质的产品。另外，还要建立和完善相关的评价以及版权保护机制，鼓励创新意识和培养创新精神，采取措施加大力度保护原创新闻出版产品的版权。

（三）坚持特色新闻出版品牌建设要求

文化创意产业领域中不缺乏新闻出版产品，缺的是代表本民族文化特色的产品。带有地区以及民族特色的优秀文化产品更能吸引消费者的眼球，受到消费者的喜爱。丰富的文化资源是新闻出版产业发展的基础，中华民族拥有五千年的悠久历史，在岁月的激荡中有光辉灿烂的各族人民创造的优秀文化作品，这些文化资源彰显了我国各区域、各民族的地域特色，而正是这些具有鲜明色彩的地方文化特色为新闻出版产业注入了新鲜活力，形成了具有强大生命力的新闻出版文化品牌。

（四）探索新闻出版品牌国家化进程

现今西方国家依旧占有绝对的国际话语权，中国的国际传播影响力还有待提高。如何突破重围，建立一套新的国家话语权体系是新闻出版产业亟待解决的现实问题。

加强品牌对外宣传工作建设，首先，要落实相关政策，根据行业标准实施优惠方案，要学习国际文化贸易准则，在深入国际环境以及当地的文化风土人情之后制定适合本土化的对外品牌输出目标和计划；其次，要输出本民族优秀文化产品，展现中华文化的独特魅力，而不再以宣传教化的口吻进行文化产品的输出；最后，要鼓励国内新闻出版产业制定一整套的配套设施和学习培养方案，拓展境外业务，学习当地的管理经验，拓宽新闻出版国际品牌渠道，合理配置国内外资源以进行新闻出版产品的生产，加大对技术的投入力度，让数字化出版产品进入国际市场，培育优质的新闻出版品牌以及传媒集团。

第三节　新闻出版产业的
发展趋势与亮点

一、新闻出版产业的发展趋势

（一）产业市场的最大化

市场化是产业化的基础，也是产业化的主要内容，因此追求新闻出版产业市场的最大化是该产业的首要发展方向。新闻出版产业的发展必然要求市场的最大化，而市场的最大化无形中又为产业的发展创造了有利条件。按照经济学的原理，市场最大化就是指通过市场化行为对各生产要素进行最优化配置，从而产生最大的经济效益。市场的最大化从目的上讲是追求利润最大化，但从过程上讲就是追求各生产要素和产品销售方案的最优化。对生产要素进行优化配置的切入点应从新闻出版资本开始，因为新闻出版资本是市场中最活跃的因素，可操作的空间大。在市场经济条件下，新闻出版企业必须自筹经费、自谋生路、自我发展，这样才能允许资本进入新闻出版市场，通过投资、入股等方式将其他产业的资金揽入新闻出版市场中，壮大新闻出版产业的实力。

（二）产业经营的集约化

新闻出版产业经营的集约化是指在产业发展过程中体现一定的经济性，它是市场条件下新闻出版产业发展的必然趋势。这里所说的经济性是指新闻出版规模的变动引起收益的变动，反映了因出版能力的提高而使新闻出版成本下降的趋势。目前，强调出版规模的经济性，不仅是建立和我国社会主义市场经济体制相适应的出版机制的需要，同时也是与国际新闻出版市场竞争的需要。因此，加强新闻出版产业的改革要以出版产业的集约化为重点，以促进产业的联合和兼并为突破口，这是当前我国新闻出版产业发展的必由之路。另外，新闻出版产业在国内、国际所遭遇的挑战和压力表明，在社会主义市场经济条件下，新闻出版产业不可能再走以前的老路，而要深化体制改革，坚持通过阶段性转移实现增长方式的转变，用集约化的经营方式和优质高效来迎接挑战。结合我国新闻出版产业的现实情况，通常可以采用以下五种方式：

1.联合

联合是整合企业各项资源的一种重要方式，包括资金的重组和经营管理方式的相互协调。当然，新闻出版产业的联合并不是片面追求规模的扩大，而是通过规模的扩大来追求规模效益。在联合之后，规模有了一定的扩大，这样就可以按照专业分工和社会化生产的原则，对新闻出版产业的各个环节进行分工协作，可以将分散的资金集中起来，放在产业比较薄弱的项目中，促进优势互补，从而大幅度降低成本，提高效益。

2.兼并

兼并是市场经济中比较突出的现象，尤其表现在新兴的朝阳产业中，它犹如大鱼吃小鱼，优势非常明显。考虑到我国当前特殊的政策原因，我国的新闻出版产业还没有进入实质性的竞争状态。一旦兼并达成，就可以对劣势企业的现有资源进行重新分组和整合，从而取得规模上的优势，进行集约化经营。

3.股份制

成立股份制的最大优势是一旦获准在交易所上市，就可以面向社会发行股票，进行大规模筹资，迅速扩大企业规模，增强企业市场竞争力。在新闻出版产业中，实行股份制有利于扩大公有资本的支配范围，增强公有制的主体作用，更能使集约化的经营方式贯彻下去。

4.建立出版集团

建立大型的出版集团是当前企业向集约化经营方式发展的一种趋势，因为大型集团具有资本雄厚、管理方式先进等优势，这在新闻出版产业中也表现明显。在今天，欧美等发达国家的新闻出版市场是由若干个大型的出版集团来掌控的，我国也是如此。建立出版集团有利于改变我国目前新闻出版产业不合理的结构，也有利于发展的社会化、生产的专业化，实现出版要素的优化组合和出版资源的合理配置，促进规模化经营，从而增强我国新闻出版产业的市场竞争力。但在建立出版集团的过程中不能强制进行，而要遵循一定的原则，一是要自愿互利；二是要鼓励正当竞争；三是要运用多媒体经营，进行多元化经营。总之，组建出版集团应突出资本一体化、出版主营化、经营多样化和技术现代化的特点，力求合理而又快速地发展。

5.激活中小型新闻出版企业

市场竞争是相互的，如果新闻出版市场上都是大规模的出版集团，那么肯定不利于正当竞争。因此需要激活若干中小型出版企业，它们机制灵活，特点鲜明，小而精，有着自己成熟且全面的经营体系。这样，整个出版市场才不会出现畸形的局面，而是多角度发散，相互之间不断竞争发展。我国新闻出版产业究竟采取何种形式实现集约化经营，应该实事求是，根据出版社的自身情况而定，提高经济效益是出版集约化的根本目的，无论是组建大型集团，还是对现有中型新闻出版企业进行结构优化、资产重组和特色培育，都应该以提高效益、壮大资产存量为目的，从而不断增强我国出版产业的实力。

（三）产业技术的现代化

无论是何种产业，在当前经济全球化的浪潮中都应重视产业技术的现代化调整，否则将注定被淘汰，新闻出版产业也是如此。运用高科技加快我国新闻出版产业的发展是现阶段的一个重要任务，计算机和网络技术的日益成熟为现代新闻出版产业的发展提供了许多新的经济增长点，也为加快对原有出版企业的技术改造提供了便利的条件。我国新闻出版产业的技术水平也日益提高。例如，20 世纪 80 年代中期，我国的一些科技开发公司已经能够独立地生产软件出版物了。在 20 世纪 90 年代，我国的电子出版物迅速崛起，许多企业单位已经建立起自己的数据库，并向客户提供光盘版数据。近年来，人工智能发展成为学界和业界关注的焦点，以人工智能为核心的一批新的文化创意产业整装待发，基于人工智能的新闻出版相关实践也在不断进行。人工智能对于新闻出版产业最大的现实意义就在于建立一套智能化、产业化、系统化的新闻出版流程。总的来说，新闻出版的科技现代化是一项系统工程，它涵盖了这项产业各个方面的技术层面。当然，这也是一项从各个角度进行改造的科技工程，要利用高科技从整体上提高全行业的装备及管理现代化水平，通过科技进步推动产业结构的调整和优化。

（四）产业模式的数字化

随着经济全球化的深入，计算机和网络技术日益成熟，新闻出版产业的发展模式也需紧跟时代发展的步伐，寻求数字化经营模式。这种新媒体拥有强大的资本支持和资本运作经验，其运作无疑能够吸引大量的用户群体关注，它对传统出版的冲击要比技术提供商大得多。新闻数字出版产业必然带来新一轮大规模的资源整合，其中还要求产业内容的专业化和形式的新颖化。

新闻出版相关网站的盈利模式主要有以下几种：第一，在线展示、销售纸质版；第二，在线下载电子版；第三，专业数据库服务；第四，社区俱乐部或会员制服务活动；第五，在线教育、培训平台；第六，数字图书馆。出版单位完全可以根据自己拥有的内容资源选择某一方面或某几方面作为突破口，也可以借用新媒体如手机增值服务等实现盈利。而中国出版集团的中国数字出版网则可以采用合适的方式从多个方面整合这些数字出版资源，打造一个聚集中国出版业主要资源、代表中国出版业水平的商业数字出版平台。

（五）产业管理的科学化

科学化的管理方式是新闻出版产业的重要内容，它指依据新闻出版规律和社会主义市场经济的规律对新闻出版产业进行科技化和规范化的管理，从而呈现一种积极向上、行业繁荣的局面。目前业内对产业管理的科学化主要从以下五个方面考虑：第一，经营管理人员应具有预见未来，把握现在和分析过往的能力。这样才能多走捷径、少走弯路，从而看准市场，赢得市场。第二，新闻出版产业的内部人员应该同心同德，具有很强的凝聚力和创造力，懂得为这个产业付出，营造良好的产业氛围。第三，新闻出版产业要在同行业中具有良好的口碑和信誉，能够与众多的书商和出版商进行合作。第四，产业内部要有足够的优势以吸引一批优秀人才，为这个产业做出贡献。第五，要管理好成本与财务工作，及时地掌握财务情况以便为科学投资提供良好的基础。

（六）产业机制的健全化

新闻出版产业要想长久快速地发展起来，建立一套完整的产业机制是必不可少的，主要包括企业制度保障、法律法规保障和国家产业政策保障等。具体体现在：第一，加快建立新闻出版产业的现代企业制度。在新闻出版产业内建立现代企业制度是新闻出版产业转换经营机制的关键步骤，也是产业化发展的重要保障。只有成为独立的法人，在法律上和经济上成为独立的实体，并拥有自主经营和发展的各种权利，新闻出版产业才能根据自己的发展目标做出恰当的经营决策，实现出版资源的优化整合，力争实现出版效益的最大化。第二，建立健全新闻出版产业的法律法规制度。社会主义市场经济的一个主要特征就是法治经济，因此要想保障新闻出版产业的顺利有效发展，就必须要建立健全产业的法律法规制度，让新闻出版工作走上依法管理的轨道，这也是发展和繁荣我国新闻出版业最有力的保障。第三,提供和制定相应的产业经济政策制度。考虑到新闻出版产业自身的属性和特性,制定与之相适应的经济政策,是建立良好的产业环境的前提,其中主要涉及税收、价格、工商和进出口等方面。因此,要用好出版专项资金、科学出版基金和少数民族出版基金,支持重点出版物的出版,加快印刷技术的更新和图书发行网点的建设,只有在国家经济政策的护航下,新闻出版产业才能更快速稳健地发展。

二、新闻出版产业的发展亮点

(一)知识付费扩宽数字出版空间

2013 年,知识付费市场开始起步,在国家出台相关政策扶持音乐市场发展的背景下,各类音乐客户端开启音乐付费模式。随后腾讯、爱奇艺等视频平台网站纷纷试水视频付费领域。

相较于传统的线下学习形式,零碎化的线上学习模式更能满足现代人群的需求,同时也拓宽了数字出版产业的应用实践领域,在网络知识付费领域,单就传播载体和内容形式的展现上,音频类的付费产品更能满足现实生活中的场景化需求。知识付费产业的内容和形式主要分为:知识电商类、社交问答类、内容打赏类、社区直播类、讲座课程类等。

(二)实体书店引领新式文化生活

传统意义上的实体书店在新闻出版业中已逐渐销声匿迹,新消费模式下的实体书店是当今新闻出版产业发展的主基调。"书店＋文创""书店＋餐饮""书店＋画展""书店＋旅游"的经营模式逐渐兴起,人们逛书店不再仅是为了看书,书店也可以是会见朋友、处理工作事务、进行时尚消费的空间场所。

苏州的诚品书店将自身打造成为新型的城市文化高地，涉及图书阅读、文创服务、绘画娱乐以及文创产品等相关服务。在这里，诚品书店转变成为新式的公共文化空间，创新城市公共文化服务体系建设。除此之外，一些电商平台也在线下开设了很多实体书店以增加用户体验，在提升图书市场占有率的同时也塑造了新型文化空间。

（三）新闻出版服务工程方兴未艾

为了提升人民群众的科学文化素质，丰富基层民众的文化生活，我国实施了全民阅读工程，致力于建设书香中国。一些读书日、读书月活动在城乡间不断深入开展，受到广大人民群众的热烈欢迎。为保障各少数民族自治区文化建设，推动少数民族精神文化工作的进程，中央政府在少数民族自治区、自治州建立了全额拨款的民文出版基地，出版民文历史文献、民文教科书和民文报刊，以及音像电子出版物，支持少数民族文化的传承与发展，使各民族文化权益得到保障。

第四节　新媒体视域下
新闻产业的传播策略

在新媒体时代发展进程中，新技术、新方法的融入促使新闻传播行业实现了深化改革，而新媒体也会在技术的推进下持续作用于新闻传播环境当中。现代科学技术给我国传统新闻传播形式带来了强烈的冲击，因此在新媒体时代背景下，相关人员需要将与时俱进观念落实到底，运用新闻传播创新模式促使我国新媒体事业在激烈的市场环境下获取良好的发展成果。

新媒体的有效发展给广大人民群众的日常生活及生产活动带来了极大的改变，对传统新闻传播方式也产生了不容小觑的影响。要想在根本上拓宽新闻传播行业的感染力及影响力，最重要的是根据新时代发展特点，在原有的基础上加以改革与创新，促使新闻传播创新方式与新媒体传播媒介形成相互促进、和谐发展的关系，推动我国新闻行业实现稳定良性发展。

一、新媒体视域下新闻传播的基本特征

（一）时效性

时效性是新闻媒体的主要特性。在传统媒体发展期间，社会公众接受并了解社会新闻的方式主要为报纸、广播等。其中，报纸上的新闻信息呈现出直接性的特点，然而报纸上所刊登的新闻内容无法根据实际情况及时更新，导致社会公众无法通过纸质类报纸获取最新的新闻进展情况，而且报纸篇幅往往会受到一定约束，无法全面、详细阐述新闻事件的整体脉络。而电视新闻方式也存在或多或少的不足与问题，部分新闻事件无法采用现场跟踪的方式报道，整体时效性偏低。在新媒体技术诞生之际，各类手机终端使用者在获取信息期间，可以在互联网的支持下查看更多动态化实况新闻信息。新媒体技术能够有效传输新闻事件的现场状况，缩短了受众群体与新闻事件的距离，有效提高了新闻信息的时效性。针对网络平台中所产生的新闻事件，人们可以利用新媒体平台的功能在新闻下发表自己的观点与意见，并积极参与对新闻事件的探讨，而且这些观点还会对新闻事件的发展趋势产生一定的影响。

（二）互动性

新闻事件互动性增强是新时代新闻传播的关键特征。传统新闻传播模式主要以单向传播为核心，受众群体始终处于被动的地位，无法及时表达对新闻事件的想法和意见，也无法充分阐明自己对政府部门推行的政策的建议。这会对社会公众行使话语权等方面产生负面影响。在信息技术发展的背景下，互动性增强是当代新闻传播方式的主要特征，很多受众可以在新闻报道结束后通过投票方式或评论方法表明自己的立场和态度，并与其他观看人员展开及时的沟通与互动。这种高效实用的互动方式，可以促使广大受众群体在不受空间、时间约束的范围内形成一致观点，并在正能量言论的传播效果下，保证我国社会经济的可持续发展。

（三）多样性

随着技术的发展和进步，图片、音频、视频等都可以嵌入新闻内容当中，让新闻消息更形象化、更全面，同时也能够满足不同用户的多种需求。而在传播方式上，现代信息技术的发展以及普及为新媒体传播带来了新的机遇，新闻传播不只是传统媒体单向的传播。在新媒体时代，结合文字、图像、音频、视频等，生产多样化的新闻产品已经成为新闻发展的主流趋势。而新闻传播的多样性，也使受众可以有更多选择来阅读、收听、观看新闻。受众可以随时随地通过新媒体选择自己喜欢的方式来接收新闻信息。

（四）风险性

在以前，传统媒体占据新闻舆论工作的绝对高地。如今，在新媒体视域下，新闻传播变得快速、自由、多样后，风险也随之产生。虚假、夸张等不实信息会被各种平台传播，一些传播平台在追求时效性时，忽略了新闻内容的真实性，经常出现未经核实的消息。此外，随着新媒体时代的到来，人人都具有参与新闻传播和社会舆论的权利，人人都可就某一事件发表自己的看法和见解，但并不是每个人都懂得遵守新闻传播的特点——真实性、客观性。如今，真假消息让人难以辨认，新闻的公信力也受到了冲击，这让如今的新闻传播充满了不确定性和风险性，特别是一些容易引发恐慌的事件。而且新媒体时代新闻传播具有更强的开放性，一些敏感的信息在网络上也能够自由传播，社会大众也会通过各种渠道对新闻信息进行传播和讨论，加上现在的技术手段还无法做到实时监督，导致新媒体传播具备较大的风险性。

二、新媒体视域下新闻传播模式的创新对策

（一）强化群众对新闻事件的认知度

在新媒体时代背景下，各类现代化技术改变了人们阅读新闻内容的习惯，新闻传播方式呈现出多样化、丰富性等基本特点。从整体视角来看，部分媒体工作室和工作人员为了增加新闻事件的感染力和影响力，往往会对原本的新闻事件展开润色处理和渲染处理，进而改变真实事件的内容和性质。此种新闻内容创作模式无法为社会公众提供真实、准确的信息。现如今，随着社会经济的快速发展，广大人民群众针对新闻信息提出更多的标准和需求，更期望可以通过自主意愿选择新闻类型，进而在短时间内了解新闻的前后脉络。在新媒体视域下，相关人员需要对传统新闻模式加以创新，避免对新闻信息进行过度润色及渲染，需要运用简单、便捷的措施为公众群体提供相应的新闻内容。除此之外，新闻工作者需要针对新闻的题材、类型及主题展开科学化分配及处理，促使新闻可以受到广大人民群众的重视与认可，切实提高社会公众对新媒体视域下新闻传播内容的认同感。

（二）充分发挥新闻引导价值

新闻潜在的核心价值并不局限于内容的时效性和精准性，最重要的是需要对新闻事件的实质加以挖掘和提取，促使社会公众可以清晰、直观地掌握新闻要点及核心要素。在新媒体时代背景下，广大人民群众逐渐意识到新闻传播互动性的价值作用，更愿意在不同网络平台和媒介当中阐明自己的观点和意见。然而由新闻信息所产生的看法分为正能量和负能量两种类型。针对上述新闻传播及新闻内容中存在的不足，相关人员需要采取科学有效的措施发挥新闻事件的引导作用，避免因盲目追求收视率而注入诸多不良因素和负面信息，需要将新闻健康发展始终贯穿于新闻行业的发展环节当中。在对新闻信息展开有效传播的阶段，相关工作者需要对富有价值的新闻事件展开深度报道，确保为广大人民群众提供有关社会发展、国计民生等方面的事件内容。为了在根本上提升新闻事件的整体质量和水准，新闻机构和政府部门需要积极培养并引入高素质、高水平的专业新闻媒体人员，并在此基础上构建出科学完善的新闻人才培养计划及方案，从而在新媒体时代发展进程中为我国新闻传播行业提供更多的力量。

为了从根本上保障新闻事件高效传播，媒体人员需要秉持健康思维，以此来完成对价值类新闻信息的高效传播，全面发挥出新闻事件的引导作用及正能量效应，给广大人民群众的生产和生活带来积极的影响。在探索创新新闻传播路径的前提条件下，媒体人员需要始终坚持有原则、有深度的报道。对社会产生的新闻事件来说，记者和编辑需要具备主观性的判断识别能力，防止在后续新闻传播阶段出现错误舆论或失真报道等不良引导问题，对新闻事件需要保持良好的客观性，进而对其形成正确的理解与感悟，采用负责任的态度为大众提供新闻事件。

（二）加强新闻媒体技术含量

在新媒体视域下，要想实现新闻传播模式的创新发展，最重要的是根据不同受众对新闻内容的接受要求，完善并创新新闻事件，对传统新闻传播模式实行科学化改革，切实提高新闻信息及内容的传播效率和质量，在根本上弥补并优化传统新闻内容互动性较差、时效性较低等不良问题。现如今，随着互联网信息技术的快速发展，新闻媒体发生了翻天覆地的变化，新媒体的可移动性、便捷性等优势特点在新闻媒体中逐渐凸显。另外，全媒体平台、直播平台和自媒体平台脱颖而出。自媒体在新闻媒介领域中具有广阔的影响力和感染力，涉及多种多样的事物、内容，与广大人民群众的现实生活息息相关，呈现出亲民性及趣味性的基本特征。在自媒体时代，人们的日常生活及生产活动受到了极大的影响，从传播模式来看，新闻媒体在诸多方面仍然存在漏洞和空缺，主要体现在技术开发和利用等方面，因此新闻媒体需要结合此种问题加以创新及优化。在新媒体发展进程中，从事新闻传播行业的一线工作者需要结合实际情况创新新闻传播模式，在新闻信息中不断注入更多现代化技术力量，强化对各类新闻事件的探析与研究工作，将"墨守成规"事件发生概率降至最小化，为人民群众提供优质新闻内容。比如，"三网融合"理念为新媒体的发展带来了全新的发展机遇和空间，推动了传统新闻媒体的发展。无论是传统媒体，还是新媒体，都需要结合现代信息技术对新闻的发展模式加以完善和创新，为受众群体带来新颖、舒适的新闻阅读感受。

除此之外，相关新闻工作者可以对互联网社交平台进行开放处理，利用微信、客户端等接纳社会群体的意见与想法，以此来掌握广大人民群众对新闻事件的态度，切实提升传统媒体的影响力及关注度。另外，在新闻信息发布后，广播电视媒体往往会收到诸多反馈信息，相关人员可以运用滚动字幕等方式将反馈信息投放于电视节目屏幕下方位置，促使受众群体与新闻工作者展开深层次的探讨，形成二次发酵。

（四）强化新闻传播导向

现如今，网络的快速发展改变了传统媒体单一的传播模式。网络是一种交互式传播渠道，在互联网移动终端的发展背景下，信息发布门槛逐渐降低，每个人都可以成为新闻事件传播主要人物，广大网络使用者在互联网平台上具备一定的话语权，可以通过网络回帖、评论或转发等方式全面阐述自己的态度与观点。一方面，在各类因素的影响下，部分网络言论过于情绪化及感情化，甚至部分人群将互联网作为发泄内心不满情绪的主要阵地，在相互感染熏陶的情况下，这些负面言论往往会发展为有害舆论；另一方面，因为网络使用者获取的新闻信息过于片面化，且观察事件内容的角度会受到各类因素的约束，网民会出现舆论失控等问题。因此从事新闻传播行业的工作人员需要始终保持警惕，坚守社会公德与职业道德，积极引导社会公众树立正确的价值观，将有害言论及违法行为出现的概率降至最低，以此来构建文明、良好的网络空间。

综上所述，在社会经济和科学技术快速发展的时代背景下，新媒体的出现与普及充分满足了广大人民群众对新闻行业的多样化需求。从事新闻传播行业的一线工作者需要以实际情况为主要出发点，通过真实、完整且准确的报道形式及内容充分满足受众群体获取新闻信息的需求，充分发挥新闻的引导价值，促进新闻传播模式的改革创新，进而推动我国新闻行业的可持续发展。

第六章　新媒体视域下
动漫产业的发展与传播

第一节　动漫产业的概念与特点

要说动漫产业，它并不指广义的动漫小说或动漫产品，而是一种集绘画、漫画、电影、数字媒体、摄影、音乐、文学等众多艺术门类于一身的综合艺术表现形式。后来动漫作为一种艺术手法被艺术家广泛使用并且具有了商业价值，才渐渐形成动漫产业。

一、动漫产业的概念

一般所说的动漫产业是指以"创意"为核心，以动画、漫画为表现形式，包含动漫图书、报刊、电影、电视、音像制品、舞台剧和基于现代信息传播技术手段的动漫新品种等动漫直接产品的开发、生产、出版、播出、演出和销售，以及生产和经营与动漫形象有关的服装、玩具、电子游戏等衍生产品的产业。"动漫产业"一词源于日本，日本的动画与漫画通常是结合在一起的，可以说，日本的动画产业是依靠漫画的兴盛逐渐发展起来的，漫画至今依然是日本动画乃至整个产业链的力量来源。虽然动漫产业主要由动画产业和漫画产业构成，但动漫产业并不是动画产业与漫画产业的合称。原因是，类似于凯蒂猫、米菲兔的著名卡通形象，其本身并不是出自某一动画或动漫作品，但也被纳入动漫产业的范畴。此外，近年来人们已经逐渐将网络游戏纳入动漫产业，原因是网络游戏中的人物或动物形象与动画、动漫十分相像。此外，许多动画、动漫作品的衍生产品，诸如玩具、文具、食品、服装等也被看作是动漫产业的重要组成部分。

二、动漫产业的六大特点

（一）资本聚集型产业

动漫产品能够带给人们巨大的愉悦和快乐，但从事动漫产业却不是一件如此轻松、愉快的事情。

动漫产业需要高端的科学技术和先进的制作技术来支撑，需要创造性的内容来填充，更需要敏锐的商业头脑来经营。从最初的创意到最终发行问世，每个环节都有巨大的人力、物力、资金的投入，成本回收有很长的周期，且要承担一系列的风险。其中，资金压力最大的就是动画产业。一部动画片的投资甚至是电影的 3~4 倍之多，可想而知其承担着巨大的风险。在我国，动画制作成本每分钟基本上在万元左右，因为其中要投入大量的人力。因此，如果资金不足，肯定无法生产出高质量的动画片作品。在世界各国动漫产业快速发展、优秀作品层出不穷的当今社会，没有高品质的作品，动漫公司就无法吸引观众，无法在市场中存活。

高投资、高风险、高回报、投资周期长是动漫产业的基本特点，这就决定了该行业庞大的资金需求。只有庞大的资本才能够有效推动动漫产业的发展，这也使得动漫产业成为大量资本聚集的领域。

20 世纪 90 年代以来，世界逐步进入网络时代。信息、网络成为这个时代的主流话题。新知识型经济形态在全球化浪潮下不断与科技文化相融合，使得文化知识产业在提升一个城市的竞争力甚至一个国家的综合实力中的作用越来越显著，而动漫产业作为文化知识产业中的重要组成部分和人们生活娱乐不可缺少的一部分，是值得持续投入并大力发展的一颗耀眼新星。动漫产业对现代社会的经济和文化有着十分强烈的渗透力，是"无烟的重工业"，是新时代极具发展潜力和竞争力的产业。大规模和大品牌成为动漫产业盈利的主要源泉，只有通过资本的大力支持和推动，才能够聚集世界上优秀的动漫人才，进而打造出有创意、受世人喜爱的动漫作品。也只有依赖资本聚集，才能够迅速做大规模和品牌，才能够在动漫产业争夺赛中把握主动权。

（二）空间聚合型产业

一个产业结构存在的领域和基本的经济实体载体共同构成了这个产业的空间，通过对空间进行优化，可以带动整个经济结构的升级。以一个主导产业为核心、相关产品集中生产、专业化协作配套的企业在同一空间大量集中，势必产生更加精细的分工与协作，以促使生产要素的合理流动和优化配置。这样对各企业共同利用劳动力市场、聚集新资本、吸纳新人才、提高基础设施利用效率、扩大规模经济效益、节约交易成本、规避投资风险等有很大益处；并且还可以推动技术革新，促进产业升级，提高信息传播的效率和作用，从而帮助区域内产业不断壮大。同时，积极建立动漫产业园区，努力打造创意产业链，将研究开发、生产制造、市场营销、衍生产品的开发等一系列流程进行汇聚，可以形成整个行业完整的产业链，充分发挥产业的规模效应。动漫产业的主要特点有劳动、知识及资本密集，市场容量大，产业链长。如果动漫企业之间利用各自的特色优势，与同行相关企业强强联合，做到各取所需，优势互补，就可能使动漫行业获得一次巨大的提升，形成"1＋1＞2"的聚合发展优势。合理的空间聚合可以保持动漫企业各自的独立性和特色优势，同时使资源高效聚集，从而可以帮助各个企业提高生产效率，降低生产成本。并且，在这样的聚集空间内，各种不同的思维进行碰撞和渗透融合，为动漫产品的创作提供了灵感的源泉，同时也为动漫产品拥有良好的声誉提供了保障，在提高动漫产品价值，提高动漫品牌知名度和影响力，扩大规模，形成集团化竞争优势等方面都有很大的帮助。

目前已有的动漫产业空间聚合的形态，可以分为两个大类：第一类是"旗舰引领型"，这是一种以一两家实力强大的动漫旗舰企业为核心领导者，这些企业承担动漫项目的策划、创作、开发和资本运作等主要工作，而将其他资金、技术等方面要求较低的制作步骤或衍生品开发方面的工作交给外围的小型公司去完成。这样，大公司发挥带头作用，成为一个动漫产品的核心创造者，而其他实力薄弱的小公司跟随大公司的步伐，从事一些辅助工作，从而形成较为完整的产业聚合形态。第二类是"群英组合型"，顾名思义，这是一种由众多实力相当且各具特色、各占优势的动漫企业共同组成的聚集空间。它们之间通过相互合作，各显身手，从而实现资源共享，一起打造出高品质的动漫作品来。

此外，虚拟产业集群方式是动漫产业的另一种集群方式。所谓虚拟产业集群，是指要在充分发挥和利用现代信息技术及网络平台的基础上，将独立的产权、分散的地域以及与该产业相关的企业集合以一种动态与开放的形式进行重新组合，并形成新型产业组织形态。这种虚拟动漫产业集群，可以最大限度地拓展资源容量，克服地域限制，增强信息流通力和传播力，从而形成强大的集聚和辐射效应。以网络为载体，将动漫产业的优秀创意人才聚集起来，并为其提供作品的展示和宣传平台，这样既可以通过群内企业合作来优化动漫作品，又可以构建起完整的动漫原创及生产的产业体系。虚拟中间组织的设立，因其不受场地环境的限制，大大降低了组织建设成本，因此也可以降低交易费用。组织内的成员企业在进入和退出集群组织时，程序更为简便、成本更加低廉，这些都为企业的运作节省资金。

（三）文化创意型产业

随着经济全球化的不断深化，文化与经济、政治、科技的交融日益加深，经济的文化含量也日益提高，文化的经济价值和经济功能在当今社会中越来越凸显出来。如今，文化已经成为衡量一个国家、一个地区、一个城市繁荣与否的重要标志，已经成为国家综合实力和核心竞争力的重要组成部分。发展文化创意产业是时代的需要，这与后工业时代、知识经济时代的产业转型及升级的要求具有一致性。

如今，动漫企业只有高效地利用手头的资源，并发挥无限的创意，才能够创造出受人们喜爱和追捧的产品，才能够抓住发展的浪潮。这就要求经营者要拓宽思路、发散思维，不断挖掘出多种多样的赢利模式，立足互联网，进而一步步深入人们的生活中，从而最大限度地拓展新媒体动漫文化的商业价值，促进新媒体原创动漫产业更快更好地发展。动漫产业的发展离不开高新技术的支持，只有掌握最新的前沿制作技术，才能为高品质产品的制作提供保障，因此，技术在动漫产品制作领域中的地位是不可代替的。先进的制作技术不仅能为动漫产品带来丰富的表现形式，提高动漫产品的展示效果，还能够减轻制作人员的劳动强度，既提高了作品质量，提升了作品的内涵价值，还为经营者节省了成本，提高了生产效率。同时，拥有科技含量的作品更容易打开市场，最终在市场上获得更大的竞争优势。

（四）高风险型产业

动漫产业是一种内容产业，具有"三高"特征，这就在无形中提高了行业投资门槛。虽然其利润空间十分诱人，但高回报也意味着高风险和高投资。动漫产业的核心卖点一定是内容，因此其经济价值是依附于文化价值的。

动漫企业生产的是文化产品，是一种无形的资产，而无形资产的认定和评估标准相对模糊，无法像其他有形资产那样通过将产品抵押给银行或其他金融机构的方式进行贷款。虽然这片沃土深深地吸引着各行各业的投资者，但外来资本进入这个行业仍是一个高风险行为，他们看重的是投资对象潜在的技术能力和市场潜力，因此外来投资者都十分谨慎。动漫行业的主要风险包括技术风险、市场接受风险、资金风险等，这几种风险相互串联交错，投资者一不留神就可能满盘皆输。

此外，即便是经营者获得了大量的资金投入，也不能保证其产品的质量和市场认可度。这要求企业在制作之前必须做好充分的准备工作，考虑周全。其中，首要的是做好前期市场调研。一些公司急于求成而忽略了至为关键的前期市场调研，结果导致斥巨资打造的动漫产品得不到市场的认可，大量资金打了水漂。动漫产业的发展的确有很大空间且前景辽阔，但想要涉足这一产业，必须下足功夫，做好准备。

（五）智力劳动密集型产业

动漫产业被誉为"21世纪知识经济核心产业"，其核心价值体现在创新和创意上，其不竭的动力来自文化内容。此外，还要有高新科技作为支撑，并充分开发和利用知识产权。综上所述，动漫产业是一个集各种创意、知识、思想于一体的智力型产业，无论是从技术开发、科技革新、内容创作还是运营战略等各方面来看，都不能缺少智力劳动。

与其他工业类产业相比，动漫产业是名副其实的环保型产业，低耗能、无污染，对资源、能源需求较小，对环境造成的压力较小。这个产业的发展关键在于对人才的聚集，只有高素质人才聚集在这个产业，为产业提供高效率的智力服务，才能够有效推动其发展。动漫产业的另一个特点是产业链长。从最初的漫画创作、制作、播出，到专业人才培养，再到周边衍生品的生产和经营，其中间环节复杂，能够为社会带来大量的岗位需求，从而带动就业，吸收劳动力。动漫人才的专业能力是促进动漫行业发展的主要力量，而这些行业人才的职业能力来自不断的实践，来自经验的积累，同时来自灵感创造。动漫产业有着很强的渗透性，这种渗透性能够帮助产业及时进行自我调整和升级，从而转变经济增长方式，在推动自身更好地发展的同时，还能够引发其他新型文化产业类别的产生、发展和壮大。动漫产业通过将手工与信息化等现代化手段结合，形成一条经济、文化、科技协调共生的高端发展道路，为高智力劳动者发挥自身能力创造了广阔的空间，是一个智力劳动高度密集的现代服务业。

第二节 动漫产业衍生品的发展

一、动漫衍生品的基本概念

动漫产品包括以游戏文化和动漫为特色的服装、游戏仿真玩具、食品和装饰品等实物产品以及与之相关的音乐、图片和书籍等文化产品，同时还包括各种动漫形象的授权商品。

周边产品是动画产业的重头戏，在整个动画产业链中，有70%至80%的利润是靠它来实现的。虽然它的市场如此之大，但是我国认识到这个市场的时间比较晚，在中国动画一度辉煌的那个时期涌现出了一大批经典的卡通形象，比如《大闹天宫》里的孙悟空，《哪吒闹海》里的哪吒，《黑猫警长》里面的那个神气的警长。但是由于缺乏系统的策划和营销，这些经典形象在动画播出之后就完成了自己的任务，动画产业链也就断了。

从当前的动漫市场发展趋势来看，动漫周边产品不仅是手办玩具、公仔或者动漫音像制品等，而是已经扩展为家电和汽车等与动漫无关的物品。不少商家开始接受动漫人物形象，并选择动漫形象为自己的品牌代言，因为这些动漫形象的生命力比真人更为长久。

综上所述，我们可以这样总结：动漫周边产品是基于卡通形象，由漫画、动画或网络衍生的产品，其类型包括公仔、玩具、文具、服装、生活用品乃至汽车、电子游戏等。由此我们可以得知，动漫形象的原创性和设计性是动漫文化的核心，是决定一部动漫作品是否受到认可的重要原因。

二、动漫衍生品的主要形式与特点

（一）动漫形象产品的几种形式

动漫形象的第一次授权是迪士尼米老鼠形象的授权，这一举动为动漫产品和商业之间搭建了桥梁，如今，动漫产品的结合逐渐演化为两部分市场，一是动漫自身的衍生市场，也叫周边产品市场。二是动漫形象与其他产品结合产生的代言市场，也就是形象授权市场。

周边产品的开发历史已有多年，早就形成了庞大的体系，几乎涵盖了我们生活中的方方面面，并且已经形成了一套完整的开发体系。我们可以粗略地将衍生品分成以下三大类：

第一，根据动漫内容开发的产品，比如各种音像制品和图书等。

第二，根据卡通形象衍生出的产品，包括各类生活用品、装饰品等。

第三，由动漫衍生出来的各种场所，如迪士尼乐园、各种动漫品牌的专卖店等。

在以上分类的基础上，我们可以将第一类和第三类看作动漫本身衍生出的部分，而将第二类看成形象授权部分。

动漫衍生品的诞生源自1929年迪士尼把米老鼠的形象授权给写字板商人，随着后世人们对衍生品的不断开发，如今的衍生品覆盖了服装、玩具、家庭装饰、音像书籍、网络游戏和食品饮料等人们日常生活的各个领域。我国在动漫产品创作方面相对比较落后，但目前已经成为衍生品加工制造的大国。目前主要流行的周边产品有以下几种。

1.模型、手办类

模型和手办是不同的，其区别有以下几点：一是选用的制作材料不同，手办的材料是树脂，而模型多为塑料。二是产量不同，模型会大批量生产，而手办的生产模具一次只能生产 20～25 个。三是模型很多是多色成型的，但是手办则多为白模，需要购买者手工上色。二者之间也有共同点，即都很强调购买者的动手能力，且价格都十分昂贵，且由于他们在组装完成后只能进行陈列收藏，不能像普通玩具一样拿在手中玩耍，所以这些产品都不是面向低龄儿童的，当然有些可以遥控或者电控的模型除外。

虽然模型与手办在材料和制作工艺上各有不同，但它们都有一个共同点，即具有高于原作的真实感和立体感，其细节也更加接近原型。为了增加情景代入感，有的模型或手办在设计时还配上了原著里的场景，加之这些动漫造型本身具有一定的夸张性，因此这些模型和手办显得十分逼真。

2.布偶、公仔类

布偶和公仔与我们日常所见的毛绒玩具一样，南方一些地区多将这些玩具称为毛绒公仔。这些玩具外部主要是毛绒面料及其他纺织材料，并且内部填塞各种填充物，使其看起来十分可爱。这些玩具手感更加舒服，外形精致温和，除了可以放在家里观赏，也适合抱在手中赏玩。这也决定了被制作成公仔的卡通形象必须是可爱、温和、简洁的，其松软圆润的外观特征，可以给人们带来安全感，也只有这样才能凸显出角色本身的形象特点。这类产品不仅是低龄儿童的玩具，许多成年人也对其爱不释手。

布偶玩具的诞生远远早于动画的诞生。在中国，早期的布偶通常被归于布艺的范畴。布艺是以布为原料，集民间剪纸、刺绣、绘画、泥塑和面花等制作工艺于一体的综合艺术，是中国广大劳动妇女智慧的体现，是一种"母亲的艺术"。民间布偶是民俗文化的一种体现，最初包含一定的实用性，如今则已经转变为供人观赏的艺术品。

随着动画产业的扩大，动漫逐渐成为一种文化，而我们传统的布艺也随之产生了变化，这在其他国家也是一样的。当布艺与动漫形象结合起来时，一个新的市场就诞生了。在这个纷繁复杂的社会里，人们都在扮演着不同的角色，又都渴望着成为一个理想中的角色。动漫就可以满足人们的愿望，当玩偶形象不再是古老的图腾符号，而转变成为有性格的动画角色的时候，人们就很容易在成百上千的动漫形象中找到适合自己的那一款。

（二）动漫衍生品的特点

在分析了这么多动漫形象产品后，可以来做一个总结，动漫形象产品是一种融合经济价值与文化价值两种属性于一体的产品，同时还展现出趣味性、情感性和本土性的特点。

1.趣味性

幻想是动画创作的灵感源泉。与电影等其他艺术类型相比，动画与现实的距离更为遥远，动画展现出了无穷的想象力，为我们创造出了一个不同于现实的完整的梦幻世界。而动画的表现语言也异常丰富，这一点主要得益于动画叙事采用的夸张变形、随意自由的手法。

动画产品的制作自然也需要夸张的表达和丰富的想象力，并且将它们实体化。动画形象几乎是无所不包的，现实里的人物，童话里的人物，超现实的人物、动物、植物甚至各种工具物体，都可以化身为动画的主角，而动画对于形象的造型设计也十分自由。

在人们工作压力日益增加的快节奏社会，心理还处于"后儿童时期"的人群越来越需要缓解压力，而动漫产品的出现，包括动漫授权产品都会使他们的心理压力得到缓解。除了授权商品本身的实用性，动漫产品趣味化的形态、结构或使用特点，为人们的现实生活增添了极大的乐趣，它们善解人意的设计和生动逼真的形体可以快速将人们拉进纷繁的幻想世界，帮助人们减轻压力，为人们带来愉悦感。

动画衍生品所传达的艺术旨趣，是一种饱含诗意的象征，这种象征是自由美好的代名词，无论其内容是反映现实生活还是构建一个幻想的世界，最终都传达一种具有梦幻性质的人类理想诉求，由此我们便可以理解为什么动画题材多来自神话传说，这也表现了人们对隐藏在内心深处的梦想的追求。

2.情感性

一个成功的动漫角色之所以有这么大的魅力，是因为它的诞生倾注了创造者太多的感情和心血。尤其在物质文明日益发达的今天，人们的生活变得更加忙碌，工作压力越来越大，而这一时期人们在精神文明建设方面则显出不足。人们渴望在消费文化产品的过程中获得情感体验，只有能引起消费者内心共鸣的产品，才能够长存于世。除此之外，对于一些玩偶和模型等立体产品，人们还十分看重其材质，只有在触摸时能获得良好触觉，人们才会为这些产品买单。

3.本土性

不同地域、不同文化背景下的动漫周边产品会表现出不同的文化内涵。中国动画自始至终都贯彻自己独特的文化观和价值观，多年来逐渐衍生出木偶动画、皮影动画、剪纸动画、水墨动画等一系列既具民族特色，又有艺术价值的动画形式。

在弘扬本民族文化这条道路上，我们要探讨的问题还有很多，只有我们认清自己的优劣势，树立起民族文化自信，我们创作的作品才能够拥有巨大的文化感染力，从而帮助国产动漫走得更远。

三、动漫衍生品的产业链

动漫产业链指的是一种或多种和动漫相关的资源，通过若干动漫产业层次不断向下游动漫产业转移直至到达消费者的路径。其具体含义包括以下几点：①动漫产业链是动漫产业层次的表达。繁多的层次象征着产业旺盛的生命力。②动漫产业链是动漫产业关联程度的表达。只有增强动漫产业的关联性，将众多链条紧密连接在一起，才能提高配置效率。③动漫产业链是动漫资源加工深度的表达。加工可以达到的深度是由产业链长短来决定的，较长的产业链会为加工提供更大的拓展空间。产业链通常都始于自然资源，止于消费市场，但起点和终点并不是固定不变的。动漫产业链的发展以 ACG（animation, comic, game），即动画、漫画、游戏为核心展开，并组成一个完整的产业环节，其循环模式通常为"漫画—动画—游戏—漫画"，其中并没有固定的起点，动画、漫画、游戏可以互相借鉴并跨越。因此，相关衍生品的生产开发都是围绕产业链展开的，与此同时也是对整个产业链的完善和深加工。

动漫产品的开发过程大致可以分为三个环节，即票房播出、图书音像和衍生产品。这三个环节之间的顺序可以更改，国外的动漫产品开发多遵循先动漫生产，再发行播出，最后进行衍生品开发这样的流程，衍生品的销售可以使企业获得收益，再进行下一轮的投资。动漫的最初制作者是一些制作社或个人，他们将自己的作品完成后投递给各个出版社。如果有哪个出版社看中了作品，作者就可以将自己的作品刊载发表。在连载的过程中，为了进一步判断一部作品的价值，出版社会以调查表、排行榜的形式不断征求市场对该作品的反馈，并根据反馈情况与作者商讨，及时修改作品。如果得到的市场反馈结果较差，出版社则会立刻停止刊载，以减少损失。在进行一段时间的连载后，一些受欢迎的作品将可以得到出版社为其发行"单行本"的机会。如果"单行本"也得到热卖的话，那么就可以考虑进入动画改编的环节。与此同时，由于该阶段的作品已经具有一定的知名度和影响力，所以各种周边产品也同时进行开发，由此就形成了一条紧密相连的产业链。各个环节都有一定的利润，这种模式帮助日本动漫产业快速发展，在规避大部分风险的同时，还能将获得的利润最大化，并将一部成功的动漫作品需要的巨大营销成本分摊到了不同时期的不同单位。

第三节　动漫产业发展的方向与路径

一、动漫产业发展方向探索

今天的中国动漫产业要走向辉煌，必须根据中国当下的科技文化的状况、中国特有的地理环境以及中国人的文化取向、语言特点走中国自己的路。

（一）从中国特有的地理环境中寻找中国动漫产业的发展方向

中国地大物博，是艺术家们的创作天堂。大漠孤烟、蓬莱仙境、贫瘠的黄土、清秀的江南、大兴安岭的森林、西双版纳的雨林、一望无际的草原、怪石嶙峋的黄山等，这些特有的地理环境都是中国动漫创作的无尽宝藏。

（二）从中国人的文化取向、语言特点中寻找中国动漫产业的发展方向

有一些国产动画片模仿美国或日本动画片的风格，市场反响却不太好，原因就在于中国人的性格特点与美国人、日本人迥然不同。中国文化讲"大象无

形""大音希声",在绘画中讲"气韵生动""形神兼备,以神为主",讲"中庸",追求"天人合一",是一种站在人的角度寻求"天道"的文化。在这种文化背景下,中国的动画通常更讲究内容的深刻性及社会效益,画面风格更加多样化。

总之,中国动漫要面向世界,面向未来,更要立足本土,顺应时代;要强调数字动画制作技术的发展,重视网络媒体动画和移动媒体动画市场的开辟,更要重视体现海纳百川的艺术品格与作品的取材;要追求动画片的艺术价值,更要强调实效性,把艺术的探索与经济效益紧密结合;要把动画艺术和动画商业相结合;更要把传统文化和现代技术相结合,摆正自己的位置。越具有民族性的动画艺术就越具有世界性,只有把中国动画融入世界动画的大家庭里,中国动漫才能走向辉煌。

二、动漫产业发展路径分析

(一)产业要素分析

在动漫产业的发展过程中,有几个要素是必不可少的,即资金、技术和人才。与其他行业相比,动漫产业有一定的特殊性,也就是说不管是在资金技术方面还是在知识劳动方面,动漫产业都是相对比较密集的创意产业,它是集资金密集、技术密集、知识密集、劳动密集于一体的创意产业。这里我们主要从影响中国动漫产业发展的资金、人才、技术三个方面对产业要素进行分析。

1.资金

资金对于动漫产业的运转和发展来说尤为重要,也是这项产业发展和升级的重要动力,不管是创意的产生还是将这些创意变成画面实践都需要大量资金的投入和推动。除此之外,动漫产业与其他产业存在本质上的差别,这使得动漫产业中的资金回收周期要相应长上许多。再加上动漫产业本身以创意为中心的特点，造成动漫产业在发展的过程中风险性更大，一旦资金投入出现问题，动漫产业的发展也就无从谈起。

随着动漫播出渠道的增加，电视、网络等媒体对动漫产品的需求量也在增加，这对于动漫的创作和市场来说是有积极意义的，首先是热度的增加让动漫产业被越来越多的人了解并接受，有越来越多的人投入到动漫产业的创作中来，这就形成了一种良性循环。再加上国家政策对文化产业的支持，越来越多的资本，包括民营资本和外资的进入，这些都对文化产业的发展有很大的激发作用，使更多有志于此的人投入动漫产业的发展中。资本的涌入和政策的鼓励让动漫产业的市场格局发展越来越多元，开发的主体也越来越广泛。

为了加快中国动漫产业的发展，吸引更多的人投入动漫产业的创作中，除了在市场准入条件上不断放开以外，对于动漫产业发展中的一些具体环节，国家也会予以一定的资金支持。为了壮大中国的动画产业，国家每年都会拨出一定量的专项资金用于扶持动漫产业。

在市场经济环境下，大多数动漫企业和动漫产品已经不可能像以前一样只依靠行政命令来筹措资金，所以，解决资金问题的最佳出路就在于顺应市场规律，借助各种力量向社会融资。

总之，要解决动漫产业的资金问题，一方面要靠政府提供更加灵活务实的优惠政策，营造更优越的融资环境；另一方面，动漫企业要结合动漫产业的特征和自身的现有条件探索和实践各种融资方式。

2.人才

对于任何一个产业的发展来说，人才对于产业的作用都是不可或缺的。可以说正是人才促使了一个行业的发展与进步。动漫产业的发展与壮大同样离不开人才的积累，因此，在动漫产业的发展当中，人才也是极其重要的一个产业要素。

（1）人才的数量问题

与很多产业相比，动漫产业不仅属于智力密集型产业，同时也是劳动密集型产业，对专业有较高要求。

总体来说，与发达国家相比，我国从事动漫产业的优秀专业人才处于一种相对匮乏的状态，虽然也有越来越多的人投入这个行业中，但不得不面对的一个情况就是人才质量的参差不齐。这里所说的人才不仅仅是动漫的创作型人才，也包括动漫在形成过程中的特效和发行人才。

随着近些年来好作品的不断出现，越来越多的动漫专业人才开始进入动漫产业，尤其是一些受过专业训练和高学历的专业人才，这也让我们对动漫产业的发展与壮大，以及国产动漫作品充满了期待。

（2）人才结构问题

在中国动漫产业的发展过程当中，人才的问题不仅存在于数量层面，也存在于组成结构方面。关于这一点，有几个误区对中国动漫产业发展影响较大：第一个误区是过于重视动漫创作中的技术因素，而忽略了人文因素，也就是动漫产生的内核；第二个误区是过于重视动漫画面，而忽略了故事的情节和连贯性；第三个误区是将产业重点放在制作层面而忽略了市场需求；第四个误区是将太多精力放在了模仿层面，而不注重创新创作。这几大误区集中体现了中国动漫人才的结构与现状。对于任何一个产业来说，创意策划、技术制作以及管理营销是一个产业链中必不可少的组成部分，动漫产业也不例外。只有各个环节都有充足的人才储备，动漫产业的各个环节才能打通，动漫产业也才能良性发展，更多符合市场需要的动漫作品才会出现。只有更多的专业人才接受过人文知识与精神的熏陶，才能对动漫消费者的心理有一个比较透彻的了解，也才能创作出更多符合消费者需求的动漫产品。

（3）引进人才与留住人才

与其他很多产业相比，不管是在创意方面还是在制作层面，动漫产业的工作量都是高强度的，可以说这个行业是一个非常艰辛的行业，任何一个留下来的人才都是非常宝贵的。如今，随着越来越多的人投入这个行业，动漫产业的发展也在不断升温，对于任何一个动漫企业来说，人才都是企业发展的最基础动力，人才的引进与保留成为企业或行业发展的一个重要问题。

当然，要想让动漫产业良性发展并不断推出优秀动漫作品，在吸引人才的同时，还要做到用好人才。只有这样，动漫企业的实力才能不断提升，动漫行业中人才的创业激情才能得到最大程度的提升。此外，相关的动漫企业也要为人才的技能提升提供更多机会。这主要是因为动漫产业的技术革新周期短，只有不断提升动漫人才的创意思维能力和管理经营思维能力，动漫产业才能得到良性发展，从事动漫行业的人才才能发挥其才能，动漫企业才能推出更多优秀的动漫作品，实现人才与企业共赢的良性循环。

3.技术

技术是动漫产业最重要的产业要素之一，特别对动漫产业后发国家来说，利用技术上的后发优势是加快产业建设步伐的捷径之一。动漫产业技术密集的特征决定了技术在动漫产品制作领域的重要地位。当前，电脑技术在动漫领域的运用日益普遍。当然，技术的力量不仅在于丰富动画产品的表现形式，还在于减轻工作人员智力和体力劳动的强度，降低生产成本，以便在市场上获得更大的竞争优势。

目前，我国在动漫技术上与美、日、韩等国家还有一定的差距，但是，这个差距并不是不可逾越的。国家和动漫企业也加大了技术方面的投资力度和对技术人才的培训力度，这将为我国动漫产业提供有力的支持。同时，我们应努力研发具有自主知识产权的动漫技术，改变被动局面。

以上谈到的仅仅是动漫产业中最主要的三个产业要素。不过，动漫产业的健康发展所需要的并不仅仅是各个产业要素之和，而是各产业要素的优化组合。只有根据国情和动漫企业的战略重点整合和凝聚各种产业要素，才能实现产业资源的优化配置，为产业链的建立和运行打下基础。

（二）产业环节分析

动漫产业由多个产业环节组成产业链，相对于其他产业来说，动漫产业所涉及的行业领域较广，所以，其产业链也相对复杂。下面将以动画产业为主，对我国动漫产业的产业链进行深入剖析，并提出一些有针对性的建议。

我国动画产业主要包括以下产业环节：创意制作—发行销售—播映—衍生产品。

1.创意制作环节

创意是动漫产业的核心竞争力，创意水平的高低首先在于创作观念是否符合时代要求和受众心理，而我国动漫产品说教味太浓，娱乐性不够；而且内容和形式也过于低龄化。动画片被理所当然地看作针对未成年人的教育工具之一，而其他功能则在很大程度上被忽视了。在由行业向产业转型的过程中，这种相对落伍的创作观念势必制约动漫产品的创意水平，进而对整个动漫产业的发展起到负面作用。

我国动漫市场广阔，为动漫企业提供了有利商机，同时也增加了动漫企业把握市场的难度。所以，通过各种手段对受众市场进行充分了解和科学分析就成了动漫企业选题和制作的前提。

关于动漫企业的选题创新，以下提出几点建议。首先，在选题方面拓展思路，不但注重挖掘传统题材，还要结合时代特色开创有现实意义的新题材，如体现父母与子女关系的题材、表现环保内容的题材等；其次，积极创新动漫角色的外在形象，不断丰富性格形象；最后，在动画剧本的创作方面，既要讲究讲述方式的新颖巧妙，又要注重角色个性的真实鲜活，只有这样，才能对受众有跨越时空的现实吸引力。

在漫画方面，我国已经有少数企业形成了科学的制作模式，比如漫画家陈维东的"神界漫画"。首先，他与几位主笔在茶室内不断聊天交流来进行一部漫画的构思，经过反复的探讨，大家在创作的基本层面上全部达成一致了，他们才会放手做下一步的具体绘制工作。这些工作通常以一个主笔为核心，在其监控下，漫画的绘制被细分成几个主要环节，每一个环节都由一个或几个人负责，从而构成了一个完整的绘制流程，以求高效而又尽量保持风格统一。这种"整体—局部—整体"的制作模式被陈维东称为"金字塔下的框架式结构"，它兼顾了文化创作与工业生产的特点，符合文化产业的发展方向。

尝试联合制片、在合作中提高创意制作水平也是一个有效的途径。在我国动漫产业创意制作整体水平不高的情况下，联合制片是解决这一问题的有效途径之一。在与外方联合制作的过程中，中方不仅得到了技术上的支持，而且在创意、情节设置等环节获得了一些新的思路。这一方面使动画片的创意制作水平大大提升，另一方面使更多的国际观众对中国故事产生浓厚兴趣，并帮助他们看懂中国故事。当然，联合制作也不一定都是与外方合作，国内动漫企业也可以强强联合。在联合制片时，合作企业可以建立相关合作部门。这个部门负责对选题、编剧、动画角色的外在形象、性格形象设定等重大问题进行论证，同时对动画片的制作流程、制作质量进行监控。

2.发行销售环节

发行销售环节是我国动漫产业发展的"瓶颈"之一。在制播分离的趋势之下，如果不能顺利地解决这个问题，我国的动漫产业将会受到严重的阻碍。

第一，制作方要全面提升国产动漫产品的质量，毕竟，质量才是买方最看重的东西。

第二，制作方要尝试以国际合作为捷径打开国际市场。

第三，可以利用各种媒体加大对动漫产品的宣传。这种宣传可以是动态报道，也可以是专题介绍。宣传一方面可以提升动漫产品的知名度，另一方面可以形成一定的品牌效应，为在发行、销售过程中增强议价能力打下基础。

第四，针对我国在动漫产业发展初期单个品牌还不成熟的情况，可以在国际市场上打出集体品牌。

第五，制作样片，以预售方式投石问路，逐步打开国内外市场。在全部产品制作完成之前就靠样片预售确定了买家，这无疑为最后的发行解除了后顾之忧，有利于动漫企业稳扎稳打地拓展国内外市场。

第六，在电视台购片价格一时难以迅速提升的情况下，国家可以对优秀国产动画片在电视台的播出提供补贴。这能在很大程度上能缓和动画制片方与播出方在交易价格方面的矛盾，为动画产业的良性发展起到助力作用。

3.播映环节

我国在拓宽电视动画播出渠道方面可谓大刀阔斧。因为播出渠道突然大量增加，而国内动画片的投资规模、制作能力又跟不上，因此出现了片源严重不足的情况。尽管国产动画在黄金时段拥有播出优先权，甚至把进口动画彻底清除在黄金时段外，但主要困难依然存在，关键原因在于目前国产动画的制作总量还较少，缺乏精品。因此，以电视播出环节为跳板，实现国产动画产业的腾飞还需要一段时间。对于播出机构来讲，在现有的动画播出政策之下如何调整动画片采购工作和播出安排，稳定并提高动画片收视率、改善动画片广告市场就成了当务之急。

4.衍生产品环节

衍生产品环节位于动漫产业链的下游，是动漫产业赢利的主要环节，所以我们应着力发展。

从总体上看，我国动漫衍生产品产业还处于起步阶段，产业规模较小，缺乏成熟有序的衍生产品授权机制。

第一，从动漫产品到衍生产品这一环脱节、断裂情况严重。因为我国动画原创水平不高，缺少有影响力的国产动漫明星，因此，能够进入衍生产品环节的国产动画形象极其有限，加上我国缺乏成熟有序的衍生产品授权机制，因而从动漫产品到衍生产品这一环脱节、断裂情况严重。

第二，我国动漫衍生产品知名品牌少、产业规模小、整体实力弱，面对国外动漫衍生产品的冲击明显处于弱势地位。

第三，授权体系混乱，缺乏管理。倘若只是贪图市场扩张规模，而忽视对授权代理商与授权企业的规范，那么，一旦某个企业出现危机，就很容易牵连其他企业。

第四，对国产动漫品牌的保护力度不够。从整个产业链来看，我国动漫产业尚处于初级阶段，每个环节的产业都存在一定的问题，不过，最关键的还是创意问题。除了前面指出的问题，还有一个比较突出的问题，即从整个产业链来看，我国漫画、动画、游戏产业之间交互渗透的情况较少，这不利于充分利用原创资源，促进产业链的良性发展。不同门类的动漫产业之间要加强合作，取长补短，共享原创，通过动漫产业弘扬民族精神和文化传统，增进民族智慧，提高文化产业的国际竞争力。

第四节　新媒体视域下
动漫产业的传播策略

伴随新媒体迅速发展的步伐，动漫产业作为国家间重要的政治、文化与经济竞争手段，在国家形象塑造、政治思想传播等方面发挥着越来越大的作用，受到了世界各国的关注与青睐。

一、动漫产品的传播功能不断放大

在新媒体的助力下，动漫产业凭借可观的视觉形象、生动的内容情节以及传播面广、影响力大、经济效益显著等优势成了当今主流的文化传播形式。

在国家形象塑造与核心价值传播中，媒体是建构国家形象、传播核心价值观的主要渠道，在网络时代，动漫产品不但揭示了鲜为人知的、深层的政治关系，更能有效地把政治集团中的思想观念和价值取向融入社会生活的各个方面。新媒体视域下，动漫产品的传播功能也被无限放大。

二、动漫产品的经济属性备受瞩目

动漫产业作为寓教于乐的文化载体，能够有效地借助互联网、移动通信、短视频、手机等技术传播，被众多国家视作经济发展的又一个增长点，在推进经济转型、产业升级中发挥着重要的作用，表现出巨大的社会价值和经济价值。动漫产业衍生出的各类产品对众多的新媒体而言，形成了独特的视觉魅力和生动的感染力。

手机、短视频等新媒体平台的建立，为动漫产品效益的提升提供了广阔的收视空间，动漫产业已成为当前时代传播面广、实用性强、便捷性高的普通消费产品，动漫产品成为人们浏览、下载、转播、搜索、观看的重要内容，成为视觉消费和趣闻消费的重要手段和主流产品，成为经济效益和社会效益双向增长的产业之一，呈现出可持续发展的强劲势头。这都归功于动漫产业所特有的经济属性和扩张优势，这些属性和优势使得动漫产业能够不断在新媒体中输出新的经济产品并获得良好的经济效益，产生新的经济增长热点。

三、动漫产业的发展战略

动漫产业要从自身导向出发，补齐发展短板，有效适应新媒体时代的发展，从原点出发打造优质的创新精品。第一，各级政府要不断发挥引领作用，结合新媒体的发展规律，做好动漫产业传播平台的搭建工作。在强化动漫产业创新的同时，不断推进新媒体技术同动漫产品的融合，为动漫创新成果的转化和动漫市场的扩张提供源源不断的动力支撑，创建良好的营商环境，成为动漫产业发展的助推器。第二，动漫产业要主动融入新媒体时代，结合人们的需求，找到动漫产品与新媒体时代的融合点，在实现产品结构转型与升级的同时，加快推进动漫产品向新媒体市场转化，加快产品在创意、设计、制作等内容上的调整与更新。第三，产业协会作为民间组织，要主动融入新媒体时代，站在时代的高度，不断提升服务职能，协调好人才、政府、产业间的关系。第四，要重视新媒体对产品的需求现状，深刻地认识到产业的发展单靠政策的扶持是远远不够的，要积极主动地找差距、查问题、拓思路。现代科学技术支撑下的动漫产业，其制作水平的高低直接影响产品的优劣，要重视制作技术和制作手段的创新，这是动漫产业发展的物质基础和必要条件。第五，就新媒体市场而言，建立一支高素质的优秀创新团队对动漫产业未来发展有至关重要的作用，要结合新媒体时代对人才的需求特点，建立完善的人才引进机制，积极引进产业所需的高端人才，固化产业发展的人才优势，占领人才制高点，为动漫产业的辉煌打好必要的人才基础。

在新媒体得到广泛应用的今天，动漫产品作为一种外在的物质能量和内在的精神力量，是一个国家和社会进步的重要标志。动漫作为新媒体时代的一种重要的传播手段和娱乐形式，在传播过程中，必然会融入我们生活的各个方面，并将所孕育的传播内容融入我们的思想和观念中，产生强大的社会影响力，改变我们的生活。

第七章　新媒体视域下影视文化产业的发展与传播

第一节　影视艺术的艺术特征

从我国对电视电影的管理方式上看，中国电视电影是归于电影作品范畴的。无论电视电影是否被认为是一种新的艺术样式，可以确定的是，电视电影将电影与电视的媒介特性和艺术特征相结合，使电影得到了一种新的传播载体，也使电视获得了新的艺术营养。电视电影不仅为电视增加了节目源，更成为促进民族电影发展的新渠道。电视电影作为一种特殊的影视艺术形式，既体现出影视艺术在新传媒时代的融合趋势，又反映出影视艺术作为视听综合艺术求同存异的深层美学特质。

一、电视电影的本体特征

一方面，电影和电视同属于视听综合艺术，在制作上都要运用摄影机或摄像机进行拍摄，都要遵循蒙太奇的组接规律，用画面、声音来完成造型和叙事。另一方面，由于媒介载体的不同、播放方式和观看方式的不同，电影与电视之间也存在很多差异。综合了电视和电影两种艺术特征的电视电影，决定了它既有电视和电影两种艺术的特点，又在艺术审美特征上和两者存在联系和区别。

电视电影作为综合艺术，吸收了音乐、舞蹈、雕塑、文学、绘画、电影、电视等各艺术门类的艺术特点和艺术表现手段，将时间艺术与空间艺术、视觉艺术与听觉艺术、表现艺术与再现艺术融为一体，形成了强烈的艺术表现力。

二、电视电影的艺术特征

（一）在叙事节奏上，较为紧凑

在影院的封闭环境里，观众面对的是巨大的银幕，银幕上的一切都是超日常的，观众的注意力全部集中在银幕上，所以电影的叙事强度要比实际生活的节奏更加紧凑，其所带给人们的审美经验也是不同于生活的；而在生活环境中观看的电视则相反，观众面对的是屏幕，屏幕中的人物事件是生活化的，而且家庭环境是随意和轻松的，观众在看电视的过程中，可以聊天、做家务甚至做运动，而且可以随时切换观看对象，注意力也是分散的，因此，电视提供给观众的是类似于日常生活的审美经验。相比而言，电视剧的叙事节奏要相对缓慢一些。

电视电影是在电视上播放的电影，因此在叙事上遵循电影的叙事和表现方式。不仅时间长度与电影类似，要在 100 分钟左右的时间里把一个故事讲述得精彩，而且也要求能够吸引观众不间断地观赏下去，因此，电视电影的叙事相对简练、紧凑，略弱于影院电影的叙事强度，但比影院电影时间跨度长，比充分展开剧情的电视连续剧的叙事节奏略强一些。

（二）在镜头语言上，基本上不受景别限制

电视电影是在电视屏幕上播映的，相对十几米的电影大银幕，电视机屏幕要小得多，为了适应在电视的小屏幕上播出的特点和要求，电视电影在表现形

态上也形成了自己的一套规范，与影院电影有一定区别。

在镜头、景别的运用上，电视电影可以多用电影拍摄中较少运用的近景、特写等近距离景别。在影院的大银幕上，图像按照一定比例经过放大之后比实际生活中看到的要大很多，如果用特写或近景通常会造成十分强烈的视觉冲击力，因此影院电影拍摄时较少使用特写或近景。而电视电影的拍摄中则不存在这个问题，由于电视机屏幕尺寸小、清晰度低，故在电视电影的拍摄中多使用特写或近景更能抓住观众视线，让观众注视画面上的细节，电视电影的拍摄更符合电视的叙事规律和受众的观赏习惯。

同时，由于电视电影在电视中播出，在视觉效果和声音的立体感上无法媲美影院，无论是宏大的场面还是局部的特写，都不能发挥有效的视觉冲击力，因此，电视电影只能在镜头语言的组织、调配上下功夫，精心营造每一个画面、镜头、场面、段落，才能吸引观众。

电视电影的制作还存在屏幕长宽比例的问题。传统胶片电影都是宽银幕的，而电视屏幕则是 4∶3 的画面比例。电视与电影的屏幕长宽比例不同给早期的电视电影制作播映还带来过麻烦。起初，当胶片电影在电视上播出时，需要把电影银幕上两边的内容截掉，以适应电视屏幕的尺寸，这样就损失了一定的图像内容，观众无法看到全部内容。后来在电视电影拍摄时，因为考虑到要在电视上播出，在构图上就把主要的人物和图像内容放在画面的中间位置。如今，电视电影制作都已采用 4∶3 的适合电视屏幕的画面拍摄，就不用在拍摄完成后做二次修改了。

（三）在题材内容与表现方式上，追求生活化、通俗化

与电影追求一种"奇观式、陌生化"的审美体验相比，电视是更通俗、大众的传播媒介，那么在电视上播出的节目内容也相应具有通俗化、生活化的特点。电视电影也不例外，需要适应电视播出的特点和要求，因此在内容上和表

现方式上有一定的生活化和通俗化倾向。

电视电影在电视上播映，需要满足不同层次观众的观赏需求，因此在题材选择上电视电影尤其关注现实生活，关注社会热点。电视电影的内容一般都是大众关心的内容，是大众喜欢的内容。电视电影的制作周期一般为 50 天，因此电视电影可以充分关注社会热点，拍摄大众关心的内容，可以更快、更准地反映当下生活，这是电视电影优于电影和电视剧的地方。

电影和电视的制作发行体制不同，因而对作品的审美评价、审核标准也存在不同。影院电影有分级制度，可以有风格突出的作品、类型，而在电视上，电视电影作为一个节目，在思想内容上通常更符合大多数观众的审美标准。

不管电视电影是什么，这种在电视上播映的电影已经逐渐受到重视，观众们也越来越习惯在电视上看电影。电视电影的剧本通过审查后，一般 50 天左右就可以完成拍摄。电视电影作品在电影频道的黄金时间播出一次，靠广告就可以收回成本。如果再制作成录像带、激光影碟甚至转为影院电影放映，就有更多的利润，是一种低价高效的制作方式，在影视市场上有投资小、回报稳的优势。同时，电视电影通过电视市场给国产电影增加了一个生存的空间，即使在电影经济不稳定的时期，也能通过电视电影继续发展和成长。

第二节　影视文化创意产业概述

一般来说，文化可以定义为一个传播、再造、体验及探索社会秩序的必要的（而非唯一的）表意系统。基于此，文化产业可以理解为与社会意义的产生最直接相关的行业，而从实质上讲，这些行业的产品都可以概括为文本。因此，文化产业可以定义为从事文本的创造、生产和流通的行业，主要包括电影业、广播电视业、广告与营销业、音乐业、印刷与电子出版、视频及电脑游戏业等核心产业以及体育运动、消费类电子产业、计算机软件业、演艺业和流行时尚、家具设计等周边产业。可见，文化产业的产品是诉诸人类精神需求层面的符号系统，其核心是富有个人色彩的创意，具有规模经济和范围经济的特点，即大批量、多媒介复制生产的边际成本近乎为零。而创意是所有文化产业的源头或灵魂，可以说没有创意就不可能存在任何形式的文化产业，所以英国等欧洲国家把文化产业称为创意产业，而美国则从保护个人创造力和满足个体需求的角度将其称为版权产业。在我国，官方统称为文化产业，而北京等城市称文化创意产业。

影视文化创意产业横跨电影业、广播电视业、网络业、视频电脑游戏和旅游观光业等多个行业，与音乐产业、印刷和电子出版、时尚等产业又密切相关。可以毫不夸张地说，影视文化创意产业是文化创意产业的龙头产业、核心产业，也是最为活跃和最为复杂的产业。这是因为从文本的属性角度看，相对于图书报刊、广播电视新闻等信息性文本而言，影视文化因其能满足人们的艺术享受和娱乐需求，应该归属艺术性和娱乐性文本，而艺术从文艺复兴运动以来，特别是在 19 世纪的浪漫主义运动中被普遍地视为人类创意的最高形式。从技术支持上来看，相对于图书报刊出版、消费类电子以及家居物品等工艺文化，影视文化更强调技术革新，而技术变革同样给人们带来许多值得思考的问题。从产业化运作上讲，影视文化自诞生起就是商品化和市场化的，特别是在美国等西方发达资本主义国家。也就是说，相对于音乐、文艺演出等艺术来说，影视文化从一开始就富有商业或经济色彩。由此，影视文化创意产业内涵至少包含创意、艺术、技术和产业四大要素。

一、创意

创意是影视文化创意产业的首要和核心问题，没有创意，影视文化建设和产业化就如同无源之水。而创意本身是一个应用广泛、极为复杂、含义丰富、不断变化，甚至满是矛盾的概念，几乎社会生活的各个领域把那种特殊的、原创性和创新性的理念和技能都称为创意。实际上，我们可以从五个层面来理解创意。

（一）从创意的定义看

在英文中有两个相关词语，一是"originality"，意为"创造力、独创性、原创、创见、创举"，强调原创的一面。二是"idea"，意为"点子、主意、方法"，既有原创也有创新的含义。国内对创意的内涵及其阐释同样也是众说纷纭，有的说："创意，就是平凡的东西上加点不平凡的东西，让人觉得耳目一新。"有的说："创意是综合运用各种天赋能力和专业技术，由现有素材中求得新概念，新表现、新手法的过程。"有的说："文化创意是以知识为元素、融合多元文化、整合相关学科、利用不同载体而构建的再造与创新的文化现象。"总之，一般认为，创意是人类创造性思维的产物，是一种奇妙的灵感与思考过程的结果，是人类智慧的高级体现。

（二）从创意的缘起来看

大多创意都源于富有个人化的、奇妙的、超验性的、非理性的理念和想法，而且通常是独特的，不具有普遍推广性，深受特定的社会、历史和政治环境的影响。也指创意表达的过程和经历，例如用影视语言等表达。其关键在于把理念、想法或灵感和常规、自觉、人为的表达符号整合成富有创造性的行为，尤其对于影视这种综合了声、像、文字的综合艺术，这个整合过程更是难以言说的，它关乎人的原创力。可以说成功的影视作品背后是一个又一个创意的呈现，这种创意表现为对受众心理的把握与对电视剧艺术的掌握。但我们又不能过分神秘化这种创意，应该看到的是，影视文化创意的出现，既有偶然性，更有必然性。因此，我们应该重视文化创意能力素养的培训，激发影视文化创意者的能力和创造力，建立一个有高度文化创意能力的队伍，尽可能获得优秀的影视文化创意。

（三）从创意创作或生产的角度来看

创意通常被解释为那些具有个人色彩、偶然性的想法或灵感的表达，也就是说创意具有独创性。而随着大工业化时代的来临，社会分工和协作越来越细密和紧密，创意的个体性和神秘性变得不再那么重要。早期有关影视文化的创意被普遍认为是导演和创作者的个人特质在起着决定性作用，一部影片或电视剧的创意通常源于剧本创作者和导演的个人禀赋和才华，这种看法在 20 世纪 60 年代前一直居于主导地位，也就是影视文化历史上所称的"作者论"。而随着影视的产业化，影视创意的创作和生产不仅仅体现了个人生产方式，更多地体现了集体生产方式，是大家智慧的聚合。

1.影视作品的制作过程

影视作品制作过程本身就不是一个独立的创作方式，而是导演、编剧、演员、剪辑、音效、布景、灯光等多个工种集体创意的结晶，只不过在具体的创作过程中，每个工种的地位不一样，即对作品的影响不同。一般而言，对于电影来讲，导演对于作品的影响力更大，因此电影有时候会被称作"导演的艺术"，我们发现整个电影史几乎就是导演的历史；对于电视剧来讲，导演尽管很重要，但是编剧、演员、制片人在作品的创作过程中发挥的作用同样重要，一部电视剧的卖点有时就是一个或几个明星演员，或者一个金牌编剧。例如陈道明主演的电视剧，发行方不会太在意导演是谁，例如高满堂担当编剧的电视剧，发行方也不会在意导演是谁，因为他们的出现就意味着质量的保证，至少收视率有保证。当然谁起主导作用也并不是绝对的，但有一点可以肯定的是，不管是多知名的导演、演员、编剧，凭借一己之力是不可能完成一部影视剧的生产创作的。

　　2.影视作品的生产传播过程

　　影视作品在生产传播过程中，受到受众因素的影响，会出现再创造的结果，作品与受众之间的互动与张力会影响最初的创意，带来更新的创意和灵感。例如，一些电视剧的拍摄会根据观众的想法来改变原创意见。美剧推行的"演播季"概念就是一个很好的明证，即每周播一集的周播方式和边播边拍的制作模式。在剧本确定之前，必须满足电视网总体观众的喜好，必须满足广告商的要求，即便是剧本确定之后也不能进入正式拍摄阶段，这之前还有一个试播期。在试播期电视网会在不同的测试状态下播放试播剧集，以获得更加准确的受众反应，然后将受众反应反馈给决策层，由决策层最终决定是否正式投拍。由此可见，美剧的制作一切围绕受众需求，从创意研发阶段到剧本发展阶段，再到剧本确定阶段、试制试播阶段和正式拍摄阶段，无不渗透着受众的兴趣、爱好、意见和建议，而这些又是受众创意直接或间接的体现。从另一角度来看，任何创意都离不开其环境的影响，也就是影视创意或生产是一个社会化的过程，会受到组织结构和人员、社会劳动分工、各种参与者、与组织密切相关的社会团体以及整个产业的影响，每个电影的制作实践都有一个发展过程。电视创意的生产实践同样如此，它不仅仅是一个节目、一个电视台的事情，而且与整个电视文化产业链条的各个环节息息相关。

（四）从创意传播的角度来看

　　理念和想法能否有效传达，也就是创造力对创意的接受问题，这不仅关乎个人或团体的创造力，还涉及技术支持问题。这是因为影视文化的创意与技术革新有密切关系，不同于诉诸文字符号的文学艺术等，影视语言及其表达本身就有较高的技术含量，从一定程度上讲影视创意对技术的依赖程度更高，同时影视技术的发展会促使创造力对创意的接受与有效传达。优秀的影视文化创意通常涵盖了多方面的内容，是主体与客体、技术与艺术的结合，是社会文化背景和电视技术的结晶。因此，我们研究影视文化创意，一定要顾及影视文化创意背后的技术成因和物质条件。

（五）从产生创意环境的角度来看

凡是创意就需要促使其迸发和转化的社会土壤，保护和尊重个人创造力，提供促使创造力勃发的宽松、自由的环境。

1.创意需要自由

一定程度上来讲，创意就意味着与众不同的"否定"，不管是横向比较还是纵向比较，这种"否定"通常会给这些创意本身带来"嫉妒"，所以如果没有一个崇尚自由的创作环境来"允许"百花齐放、百家争鸣的话，这些创意即便再富有创新激情和内涵也不能成为优秀的作品。一个保守的创作环境，不允许超越，不允许突破，一味地固守僵持，一定难以创新。

2.创意需要耐心

创意还意味着风险，这种风险来自成本压力。创意不可能一蹴而就，通常需要耗费长久的时间成本、雄厚的人力成本和财力成本，而且正因为其创新性，所以对于一个创意结果的把握显得异常困难，稍有失误或者偏差就会导致创意的失败，而这种失败通常是沉痛的，需要付出大量的成本。因此，如果没有一个有耐心、有恒心的市场环境，好的创意同样会失去面世的机会。可以想象，在一个浮躁的、急功近利的、唯利是图的市场氛围中，创意通常会让位于模仿、抄袭，这也是当前我国影视同质化、跟风潮产生的原因之一。以电视综艺节目为例，娱乐选秀节目火爆以后，几乎各个卫视都开始播出娱乐选秀节目；相亲节目火爆以后，几乎各个卫视都开始播出相亲节目……新节目的热潮就像一股风，几年换一拨。在影视产业竞争日趋激烈的今天，票房、收视率、成本收益这笔账没有一个投资方、制片方不在意，但是这种急躁行为势必会对影视创意带来破坏。

3.创意需要法制

从以上分析可知，好的创意的出现不只是一时一地的灵感迸发，从创意点的出现到付诸实践，需要诸多环节，需要大量的人力、智力、财力投入，因此创意需要被尊重、被保护。创意之所以为创意，就意味着它是独一无二的，这种唯一性、独特性是其生命力的根本所在。制定健全的法律法规来保护这些创意版权，对于创意本身来讲显得异常重要。比如，欧美发达国家有很详细的法律条文规定和尊重知识产权的社会共识，这是其影视文化繁荣发展的重要缘由之一，所以良好的政策环境与有效的制度设计对创造力的激发起着举足轻重的作用，这个问题实际上就是创意与产业及其环境之间的关系问题。

总之，对于影视文化创意来讲，在一个鼓励创新、包容创新、理解创新的轻松、自由、宽容的环境中，创意的产生就显得更加容易；在一个封闭、保守、浮躁的环境中，创意出现的概率可想而知会很低。

二、艺术

迄今为止，人类已创造了多种艺术样式，包括诗歌、散文、小说等文字形态的艺术，音乐、绘画、舞蹈、建筑、雕塑等非文字形态的艺术，戏剧、电影、电视等综合形态的艺术。影视艺术在艺术文化、大众传媒文化和休闲娱乐文化中居于不可替代的地位。文化创意语境下的影视艺术关乎两个层面的问题。

（一）影视的生产力问题

谈及这个问题首先要考虑的是人的想象力与情感问题，任何影视艺术的展现都要靠人的丰富的想象力和情感充分、恰当的表达，这不仅仅涉及创作经验、手段等的运用，而且还涉及掌握与运用技术的能力，还关乎对艺术属性的认识等问题。进一步讲，创意者的理念、艺术素养和技能等决定着艺术生产力的高低，而这些又会受社会文化环境和时代的影响。比如，造型主义、写实主义对艺术的理解就很不一样，前者强调通过剪辑、抽象化的手段来超越现实，以体现艺术性，而后者则将艺术与现实紧密相连。不过两者都认为影视艺术来自伟大艺术家的想象力和技能，而接受美学观和文化研究学派则认为影视艺术等的生产力不仅仅是艺术家的创作，更为重要的是受众、批评家的解读和再创造，是他们赋予了影视艺术以真正的生命力。艺术生产力和其他生产力一样都具有人和物两个层面的要素。其中人的要素是最为重要的，这又与创意问题是紧密相连的，生产力发展的源泉和关键还是人的创造力的问题；而物的要素是指艺术生产的手段等生产资料和生产对象，其中技术、资金是最为重要的生产资料，非物质形态的精神文化资源是艺术生产的对象，这关乎对影视艺术品属性的认识问题。

1.影视技术越来越成为决定影视艺术生产力的重要因素之一

影视艺术在诞生之初就有着较高的技术含量，在现代影视艺术生产过程中，对技术的要求和依赖程度越来越高，比如大量的数字模拟画面和高保真声响成为现代影视作品不可或缺的元素。近年来，我国在数字技术等新技术应用和推广上取得了长足的发展，但是技术应用的区域性差异成为制约我国影视技术水平全面提高和协调发展的阻碍因素。此外，如何处理技术应用与激发创造力的关系问题亦是一个值得深思的问题，过度的技术理性和盲目的技术乐观主义会导致人的工具化，使人沦为技术的奴隶，从而致使艺术创造力的降低。

2.我国影视内容制作上仍然投入不足

我国影视内容制作的现状是无力或很少从事高技术、高成本、高风险和高质量的影视内容制作，只能满足或停留在小打小闹、自给自足、自娱自乐的小作坊式生产和低层次的制作上，无法形成专业化和产业化生产，从而造成在内容制作上的恶性循环，局限在低水平的重复之中。因此，降低影视内容制作和播出的门槛，吸纳社会资本流入，同时加大政府对公益性影视产品的投资力度，是促使影视艺术生产力迅速提高的重要保障。

（二）影视艺术的影响力问题

影视产品不仅仅是艺术品，还是消费品和娱乐产品。从一定程度上讲，影视产品不是纯粹的艺术品，不全是阳春白雪，而是影响面极为广泛的艺术品、消费品与娱乐产品的混合体，具有真实性、具象性、假定性、虚幻性交融的特点，而影视则是艺术性与商业性、个人性与大众性复杂交织的产物，是一种复合性文化。因此，影视艺术具有艺术性、教化性、娱乐性、商业性等多重属性，其对社会的影响也具有双面性，既有正面的、积极的、健康的和富有建设性的一面，又有负面的、消极的、不良的和具有破坏性的一面。好的影视文化可以成为影响几代人，甚至塑造国家和整个民族形象的经典文本。

三、技术

影视文化创意产业与技术革新是密切相关的。可以说，技术是影视文化创意产业的重要支撑力，影视技术的每一次革新都会促使影视文化发生质的飞跃，改变着人们的视听习惯、思维方式，甚至生活方式。不过技术给影视文化带来的影响绝不仅限于此，历来对于技术与影视文化和社会的关系的讨论都颇为热烈，技术乐观主义者对技术革新高唱赞歌，而悲观主义者则聚焦在技术带来的负面影响上。实际上，技术与影视创意、艺术，乃至与社会之间存在着复杂的互动关系。

（一）影视文化的技术含量较高

特别是在数字技术时代，技术条件成为决定影视作品成功与否的关键因素之一，影视剧中越来越多的虚拟影像使得画面质量和观赏性得到极大提高，但同时也提高了制作成本和行业门槛。相对于平面印刷出版文化而言，其技术支持的投入是非常大的，所谓大制作、高风险、高成本成为现代影视产业的特点。像好莱坞等的一些大片动辄几千万，甚至上亿美元的投入已成为一种常态。这样一来，全球影视文化市场就会被越来越少的几家大公司掌握在手中，而中小规模的公司则因成本问题而趋于式微，由此，文化的多样性就会受到侵蚀。

（二）技术在影视文化中的作用越来越大

技术理性有时候会成为一种凌驾于创意发展和艺术追求之上的统治力量，成为奴役个体的工具，个人的创造力会受制于技术，言语和思想会被简化为缺乏反思和批判精神的工具。越来越多的能制作出比现实看上去还要真实的影视新技术使得人们越来越依赖技术，使得人们越来越满足于虚拟的技术所打造的世界，由此，影视文化也朝着创意克隆化、艺术标准化的趋势发展，而这正是在影视文化创意产业建设中需要防范的、认真对待和思考的问题。

（三）电视的出现使得文化消费方式发生了转变

文化消费方式发生了转变，形成了以家庭为基础的、个性化的消费方式，而有线网络、卫星、互联网、数字技术等的应用，更强化了这种个性化、家庭化的消费方式，使得审美日常化。曾经神秘的艺术创意的面纱被新技术彻底揭开。具体来说，电视剧将电影梦幻般的消费和休闲场景变得日常化、琐碎化，而互联网技术又将影视文化的创意、发行等环节变得更加个人化、自主化和去神圣化，这些问题都是影视文化创意产业中值得深思的问题。

四、产业

谈到产业问题就会涉及影视文化等的生产问题，也就是说，把文化当作普通商品进行工业化生产、流通和展示是人类文化生产的最新阶段。雷蒙德·威廉斯（Raymond Henry Williams）早在 20 世纪 80 年代就探讨过这个问题，他认为文化生产经历了三个时代，即从中世纪直到 19 世纪的资助时代、从 19 世纪初以来的市场专业主义时代和始于 20 世纪初的公司专业主义时代。

资助时代的典型特征是诗人、画家和音乐家等文化创意者靠贵族的资助、保护和支持来生存，其创作产品的整个过程都是非商业化的，个性色彩极浓，满足悠闲的精英阶层的需求。

在市场专业主义时代，文化创意者的作品渐渐地在市场上出售，出现了专门负责销售的发行中介和负责组织生产的生产中介，比如书商、出版商等，这样一来，市场成为左右创意的风向标，文化生产开始出现更为复杂的劳动分工，文化创意者呈现出职业化和组织化趋势。

而步入公司专业主义时代后，文化创意产品的委托生产变得更为专业化，出现了组织化极高的专业公司，文化创意者成为其雇员。这个时代的典型特点就是文化生产的专业公司化，创意者与市场、消费者并不像前两个时代那样有直接、紧密的关系，而是更多地受公司左右。此外，文化创意作品的谋利方式增加了广告这一途径，并且广告本身也渐渐成为一种文化形态。

（一）创意的自主权问题

无论是哪个时代，艺术家、作家、编剧、导演、制片人等创意者都应该能独立地从事创意活动，应该有高度的自主权，唯有如此，才会有内容制作的繁荣。当今西方发达国家影视文化等产业的创意者变得更加团队化和组织化，通常以项目小组的形式出现。其中包括编剧、导演等主创人员，录音师、摄像师、舞台监督、页面设计等技术人员，制片人等创意经理以及所有者和执行者，这些人员，特别是前三者，是创意实现的核心，通常是在较为宽松的控制下从事创作工作的。因此，项目小组变得越来越小规模化，成为一个个独立的、自主的创造基地，以摆脱大公司的无端挟制，保证创造环境的自由。这是复杂专业主义时代影视文化专业化创意团队的发展趋势，而且随着数字技术、互联网等个性化技术的发展和应用，这种趋势会更加强化。基于此，版权保护和创意团队的报酬问题成为非常值得关注的问题，小规模化的创意团队与大的影视文化公司之间经常发生冲突、斗争，影视文化公司通常会从利润最大化的角度出发来盘剥创意人员，特别是对那些有一定知名度但名气又不大的创意者（通常被喻为"蓄水池"）更是如此。因此，版权法的完善与版权意识的强化就显得尤为重要。

（二）范围经济与规模经济问题

虽然创意团队趋于小规模化，不过发行、流通和展示的规模变得越来越大，这符合文化产业范围经济和规模经济的特点。

（三）集团化与全球化问题

集团化问题与前一点紧密相关，而且发端于美国。在 20 世纪中期，影视巨头好莱坞就完成了影视产业的垂直整合，实现了创意、制作与流通的纵向一体化，而到了 20 世纪六七十年代又开启了跨行业的水平和垂直整合，石油、矿业、金融、电信等行业开始有计划地并购影视制作室、电视台等，推行产业融合和协作，也就是实施集团化，出现了像时代华纳等巨无霸式的公司。这一方面对于资源整合、流通推广、技术革新大有裨益。另一方面却对影视文化的艺术性造成一定的潜在威胁。而与集团化相伴的是全球化问题，在美国，活跃的创意团队、高度的专业化水平和雄厚的资本力量，加上政策的支持和国内休闲市场的特质，其影视文化被推向全世界，而且迅速居于世界影视产品市场的主导地位。这对各国民族影视文化产业的发展无疑有极大的影响。

（四）政策安排问题

步入公司专业主义时代，影视文化的发展与政策安排、制度设计的关系更为密切，这关系到创意环境、技术革新、艺术水准、产业发展、社会公平等方面的问题。

总之，创意、艺术、技术和产业是影视文化创意产业不可或缺的四大要素，共同构成影视文化创意产业的内涵。思考和研究这四大要素及其关系不仅是建构影视文化创意产业理论的核心问题，也是其实践运作的重要问题。

第三节　影视产业竞争力评价体系的构建

正确评价我国影视产业的国际竞争力，需要在深入理解产业国际竞争力理论的基础上，结合影视产业的特征，构建科学的指标评价体系，然后根据这个指标体系搜集最新的相关数据，并运用直观、准确的方法对其进行综合评价。

指标体系的构建是对我国影视产业进行实证分析的第一步，非常关键，指标选择的适当与否在一定程度上直接决定了分析结果是否能真实反映实际情况。

一、指标体系设计原则

（一）科学性原则

科学性原则是构建评价指标体系的最基本的原则。只有建立在科学的评价指标体系上的综合评价才具有实际意义，能为政府、企业提供决策依据，为后来研究者提供参考。在借鉴以往经验的基础上，一方面力图找出能够反映影视产业国际竞争力水平的相关指标，另一方面力求重点突出，对这些指标去粗取精，确定关键指标。

（二）系统性原则

影视产业在其系统外部与多种产业相互关联，同时受政治、经济、科技、人文、法制等诸多环境的影响，因此在设计评价指标体系时要考虑其系统内外的各个方面。

（三）针对性原则

每个产业都有不同的特点，富有针对性的评价指标体系能保证影视作品具有竞争力。例如，影视产业的发展当然会受到一国政治、经济、文化等大环境的影响，但更为关键的是其产业内需求供给设施状况，这些要素构成影视产业的核心竞争力，如果不被考虑进去，那么评价结果的准确性将大打折扣。

（四）可行性原则

可行性原则包括相关数据的可获得性以及统计口径的一致性。尽管我们希望设计的指标体系能够囊括所有的因素，这样就能够更加全面地反映竞争力的真实状况。但这一希望却是不现实的，因为在实际搜集数据的过程中会碰到很多困难，比如一些数据难以量化。因此，在设计指标体系时应考虑现有的资源和能力，尽量做到全面、准确。

二、指标体系的构建

我国的影视产业竞争力评价体系可以从潜在竞争力、外显竞争力及环境竞争力三个方面来构建。

（一）潜在竞争力

潜在竞争力是指与产业相关但并不直接关联的要素状况，它反映一个国家或地区发展某产业的潜在竞争优势。潜在竞争力由三个方面构成：一是供给方面的潜力，二是需求方面的潜力，三是相关产业的发展状况。

反映影视产业供给潜力的指标包括 GDP（gross domestic product，国内生产总值）增长率和人文发展指数。GDP 增长率代表了一国的经济发展速度，将会使包括影视产业在内的所有产业都受益，原因在于有了更多可支配的资金、资源。

反映影视产业需求潜力的指标包括人均 GDP、城镇人口比例和服务等。人均 GDP 决定了一国居民的消费水平，从而决定了对影视等娱乐产品的需求水平。由于大部分的影院以及影视租赁服务都设立在城镇地区，而且城镇居民的收入一般要比农村高出数倍，作为第三产业的影视通过生产具有高附加值的影视作品和为观众提供服务实现其商业价值，它是服务附加值的一部分，因而服务附加值占 GDP 的比例反映了一国影视产业需求潜力。

相关产业指标包括互联网用户数和创意品出口份额。基于影视消费的"跨屏化"在改变用户消费习惯的同时，也影响了影视产品的营销方式，甚至筹资方式。因此，互联网产业的发展状况被作为一个重要的因素纳入影视产业国际竞争力评价体系中。创意品包括但不限于用于影视产品制作和放映的器材设备以及影视剧的衍生品，因此创意产品出口份额也反映了一国影视产业的潜在竞争力。

（二）外显竞争力

外显竞争力是产业现时的、直接的外在体现，通过外显竞争力我们很容易了解某个行业在特定时间范围内的竞争力状况。这里以影视产业的细分产业——电影产业为例，将外显竞争力划分为产业直接需求、产业设备和供给。其中，反映产业直接需求的指标包括总票房、本土电影市场份额和人均观影次数，反映产业设备和供给的指标包括电影院数、银幕和片产量。

（三）环境竞争力

环境竞争力是指除经济因素之外可能对特定产业的发展产生重大影响的社会大环境状况，它一般指政府行为。考虑到影视产业属于知识密集型产业，其发展既依赖科技创新，又涉及行业法律法规与政策，还和一国的科技文化创新能力有关。

反映影视产业创新环境的指标包括研发支出占 GDP 的比例、版税与许可费和创新指数。研发支出是指系统性创新工作的经常支出和资本支出，其目的在于提升知识水平，包括人文、文化、社会知识，并将知识用于新的应用。版税与许可费，又称知识产权使用费，是指居民和非居民在授权的情况下，使用无形、不可再生的非金融资产和专有权利或以许可的形式使用原创产品复制品进行的付款和收款。

反映影视产业政策环境的指标包括知识产权保护力度和媒体自由指数。影视作品是知识产权的一种，版权收入构成了影视产业收入的核心部分，因而，一国政府对知识产权的保护力度对影视业发展繁荣就显得尤为重要。媒体自由指数反映了一个国家或地区的记者和新闻机构所享受自由的程度以及国家或地方当局为尊重和确保这种自由所做出的努力，影视产品作为媒介的一种，当然也会受到政府对媒体控制的影响。

第四节　新媒体视域下
影视文化产业的传播策略

在当下以视觉图像为中心的信息时代，中国影视文化要想秉承"走出去"的发展战略，不仅要在价值观的传播方式上有所改变，还要充分利用新兴媒体的传播优势，准确定位影视市场的受众，为文化传播打下坚实的基础。

一、策略传播价值观念

任何一种影视文化都承载着特定的文化价值观念。无论是电视剧还是电影，都是通过大众喜闻乐见的内容和形式，潜移默化地传递一个国家特定历史时期的文化价值观。就影视文化传播的内容来看，其价值观的传播主要以语言符号及一些物化、城市化、动作化的典型象征符号为载体。

其中，语言是最为直观、由人创造的，且具有随意性与独特性的象征符号，能够准确表达人们的思想。

物化、城市化、动作化的象征符号则是对价值观传达的进一步加深和影射。众所周知，影视是由场景和故事构建起来的文学载体，抛开语言的信息传达功能，这些物化、城市化、动作化的象征符号具有较强的文化提示和信息阐述功能。如在演员成龙众多极具代表性的动作喜剧作品中，通常会设计独特的武打情节。特别是在与对手过招时，精确的时间点配合足够长的镜头，使观众能够看到有别于经后期制作而成的美国动作片的连贯性动作，增强了其打斗场面的真实性。其中一些标志性的动作和面部表情，也成为影片表达影视文化观念的符号化象征。

二、利用多种媒介形态聚合传播

新媒体语境下影视文化的传播手段愈加多样化。其中，以网络、手机为主的新兴媒体逐渐占据了传统电视媒体的传播空间。其便携性、移动性和精准性的传播方式，成为当下人们接受影视文化的首选途径。近年来随着互联网发展而衍生的网络自制剧，亦纷纷加入影视剧内容生产的队伍之中。

影视文化传播手段的多样性缩短了媒介、地域及传播者与受众之间的距离。影视作品通过移动电视、网络媒体等传播手段，与观众的互动性大大加强。当下诸多网络剧在播放之初，往往会在各大网络媒体、微博、贴吧等平台增强曝光度，为影视剧的播放进行预热。此外，制作方还可以通过微博留言、线下投票等方式与观众进行互动。现在各大网络媒体惯用的弹幕，也成为诸多网友表达观点的重要渠道。这种全新的互动模式，让我们看到了网络播出平台等新兴媒体的文化传播潜力与发展前景。

三、以受众需求为导向

在新媒体语境下，影视文化传播手段的多样性，最大限度地满足了各阶层群众不同的影视文化需求。在影视文化传播渠道不断拓展的同时，也迫使其影视文化市场的竞争愈加激烈。为了实现特定的文化传播目的，影视作品不仅要在内容和形式上加以创新，还要准确把握受众心理，以便实现影视文化价值观的全球化传播。当下美国影视作品受中国市场青睐的主要原因是其内容和形式满足了受众心理。

四、创建影视文化品牌

成功的品牌之所以长久不衰，是因其品牌自身的影响力和感染力。无论是在逆经济潮流环境下，还是在新媒体语境下，借助影视文化品牌的塑造，发展产业链条，形成文化产业，是提升影视文化传播影响力的重要举措。比如美国打造的好莱坞、迪士尼等影视文化产业品牌，就如同庞大的工业体系，不仅囊括了一大批电影制作公司，还创作出了大量优秀的影视作品。这些影视作品不仅推出了一批具有社会影响力的电影演员，还在银幕之上塑造了诸多英雄形象，几乎所有的影视演员都希望踏足这片电影造梦场，这也正是美国影视文化传播最成功的体现。

基于这种现状，我国愈加重视影视文化品牌的建立，在借鉴国外影视文化产业市场运作的基础上，文化品牌的建设成效也逐步显现。

影视文化作为承载特定价值观念的媒介，在愈加虚拟化、全球化、技术化的新媒体语境下，其传播路径、创作手法等也随之嬗变。我们必须深刻认识到价值观念的传播规律，以观众需求为导向，树立本土影视文化品牌。只有这样，才能扩大中国影视文化的影响力，为中华文化的国际传播构建桥梁。

第八章　新媒体视域下
乡村文化旅游的发展与传播

第一节　乡村文化旅游的特点

乡村旅游的需求源于千百年来积淀在人们心底里的乡土情结，它在大众旅游的浪潮中催生着乡村旅游。真正的乡村旅游应该是一种能够给游客提供深度文化体验的传统文化内涵与村寨田园风光完美结合的高品位产品，能为人类提供最令人期待的环境和文化盛宴。为了确保乡村旅游开发的可持续性，乡村旅游的开发必须以资源为导向，并引导旅游者的消费趋向。

一、文化与旅游文化

人们总是因为要寻找差异、创造差异而去旅游，旅游也能以奇山异水、奇人异事、奇思异想、奇情异感等让心灵扩容，给人生增美、增智、增勇。但纯粹观光的旅游，已经不能满足人们多元化的旅游需求。这就促使旅游向文化靠拢并与其融合，形成文化旅游。文化旅游涵盖了历史古迹、遗址、建筑、艺术、风俗等内容，是一个关联性高、涉及面广、辐射性强、带动性强的产业。打造该产业需要发现、评估、申报文化遗产，以便抓住文化旅游的"根"和"魂"，并在此基础上策划文化旅游产品，发挥文化遗产的经济价值。

（一）文化概述

文化的概念十分复杂，概括来说，对文化的定义，可以分为宏观、中观和微观三个层次。

从宏观的层次看，文化涵盖人类文明的所有成果，主要包括物质文化、精神文化、制度文化三个部分。这三个部分，既各有其相对独立性，又彼此相互依存和相互制约，构成一个有机联系的文化整体。其中精神文化和制度文化共称非物质文化，与物质文化相对应。

从中观的层次看，文化就是人化。人化主要指精神成果的创造性转换，是人类精神领域客观形态变化的反映，核心内容是作为人类精神产品的各种各样的创造性知识。

从微观的层次看，文化主要是指学术思想与价值观念的对象化（内化和外化）。

文化是人类在生存过程中通过不断改造自然而产生的，展现了以人化为宗旨、以价值观念对象化为实质的人类文明进化过程。文化具有存在于人的一切活动中的特性，这种特性是一种能够影响、制约人的一切行为活动的深层次的东西。文化涵盖的范围非常广泛，包括人类社会进步、社会发展、文明进步等物质的、精神的因素，甚至个人的心理、思维、行为等也包含其中。一般而言，文化具有如下基本特性：

1.文化是人类实践活动的对象化

文化是人在社会实践活动中，不断适应环境、改造环境，提升自我价值的过程，是各种活动的历史积淀。这一过程体现了人类个体与社会群体之间综合素质的不断完善与进步，体现了人类对自然资源的不断改造。文化的本质含义是人类价值观念在社会实践过程中的对象化，或者说是人类创造的文明价值经由符号意义在传播中实现的过程，包括文明成果创造和内在身心智慧塑造两个方面。

2.文化是历史积淀下来的被群体所共同遵守或认可的共同行为模式

文化是群落中的人们共同具有的。文化是同一文化群落中人们共同的社会心理、共同的价值体系等的综合。它对个体具有强制性，一个人如果明显背离他所在的生活地区的文化，他的生存就会陷入困难。法国著名社会学家埃米尔·涂尔干（Emile Durkheim）强调，文化对个体具有强大的影响力，存在于个体之外，分散在个体周围。因为日常中我们都是按照文化所规范的模式和行为存在着的，所以感受不到文化的强大影响力。但是一旦我们试图反抗文化，这个影响力必将显现。

3.文化就是自然的人化

文化意味着自然界的人化，一个混沌的、自在的自然界不适合人。人则按照自身的需要、理想改变自然，赋予自然以人的意义、人的目的、人的本质力量，并把自己的生活状态（其中蕴含人的理想和价值）物化、凝聚到对象上；或者创造出人工自然，于是自然就这样被"文化"了。文化是人类在进化过程中衍生或创造出来的，是人类共同创造的社会性产物。

（二）旅游文化

旅游既是一种文化现象，又是一种社会经济现象，是社会经济文化发展的必然产物。旅游实质上是一种文化交流的活动，旅游者是旅游的主体，其旅游的目的是体验不同的文化，即旅游文化。旅游文化是旅游业发展的灵魂，是旅游业可持续发展的源泉。

1.旅游文化的概念

对旅游文化的最终定义，我们的认知主要有以下几个方面：

第一，旅游文化作为一种一般文化的特殊表现形式，以一般文化的内在价值为基础，以旅游要素为依据。它具有特殊的表现形式，同时兼具一般文化形态的基本属性。

第二，旅游的本质是文化，旅游文化实质上是一种特殊的文化形式，它以旅游活动为核心，是旅游者展现和传播的各种文化形式的总和。

第三，旅游文化在展现生活文化的同时也是一种消费性文化。旅游文化已经逐渐成为人们生活的一部分、人们在紧张激烈的社会工作、生活中，将旅游视作一种满足放松身体的需求、追求心情愉悦、进行精神享受的方式。在旅游中同样存在消费，这是由旅游业的经济属性所决定的，旅游业早已成为国民经济重要的组成部分。

第四，旅游文化一直在不断地创新、发展，呈现动态发展的状态。在任何国家和地方，旅游文化都是动态发展而非静止不动的。在这个动态发展过程中，旅游文化系统不断发生改变，与之密切相关的旅游主体、客体、媒介，以及旅游地的社会环境都在不断重新组合。在旅游文化的创新过程中，旅游资源的文化潜力、文化品位、文化价值不断提高，旅游文化资源也得到有效配置，产生新的价值，只有这样才能使其在激烈的旅游竞争市场中得到长足发展。旅游文化创新是现代旅游业发展的增长点，是旅游业可持续发展的源泉。

2.旅游文化的特点

（1）民族性

旅游文化是民族历史、民族生活、民族精神、民族性格的一种体现，体现了民族文化基础。一个国家或地区的旅游业如果没有自身特色，缺少民族传统文化，将无法体现本国、本民族的文化内涵，失去吸引力和市场竞争力。民族个性是旅游文化的精髓，不同民族间的相互吸引、交流，是旅游文化最具魅力的方面。民族传统节日是一种重要的旅游文化资源，也是民族文化的基本组成部分，是民族文化的浓缩和集中展示，它凝聚了民族的价值观念、文化心理、伦理道德、风俗习惯。同时民族传统节日还集民族建筑艺术、民族服饰艺术、民族饮食特点、民族歌舞艺术于一体，成为观察和认识某一民族特有文化形态的主要窗口，成为理解与把握某一民族文化风貌的重要渠道，在中国一些富有鲜明民族特色的少数民族传统节日里，比如蒙古族的那达慕大会、傣族的泼水节、彝族的火把节、土家族的摆手节、藏族的雪灯节等，游客可以从看、听、吃、穿、游、购、玩中切身地体验到不同民族特有的文化内蕴。

（2）移动传播性

旅游主体在追求自由的本质力量的驱使下，不断跨越两个或多个文化空间和社会环境，并吸附大量的旅游中介体参与进来，形成一种动态的线性结构，并呈现出一种移动传播性特征。一方面是移动性特征。旅游主体由于其永无止境的探索与精神超越，总是使自己处于运动状态之中，使旅游文化系统的各个环节因其移动而呈现出移动性特征，使旅游出发地、旅游客源体、旅游中介体乃至旅游目的地的文化联系在一起。另一方面是传播性特征。不同地域的文化，随着旅游主体的运动而漂移和扩散，旅游主体是其所在民族、地区文化的载体。中国旅游者承载的是中华五千年的文明，西方旅游者同样承载着西方悠久的文明。由于旅游主体的移动，其所承载的文化，也随着运动而传播。与此同时，旅游主体在移动中所接触到的异质文化也会对其产生影响。旅游主体将会把目的地文化传播到出发地，从而形成不同文化的碰撞、交流和融合。

（3）区域性

由于旅游主体、旅游客体与旅游介体的区域差异性，旅游文化也表现出强烈的区域性，从而在不同类型的地区形成别具一格、精彩纷呈的旅游文化。比如同样是江河文化，长江文化、黄河文化、淮河文化、珠江文化都有各自不同的文化发展历史，展现不同江河文化的特色。同样是山的文化，泰山的雄伟、华山的险峻、峨眉山的秀美、青城山的幽静等，都分别折射出不同地域的山文化的韵味。旅游文化的区域性差异是旅游活动得以发生的根本条件。

（4）传承性与创新性

任何一种新的文化形态都不是凭空产生和发展的，而是通过原来文化成果中那些合理而有益于自己发展的部分产生和发展起来的。旅游文化的传承性体现在物质层面、制度层面和观念层面上。随着历史的发展和时代的进步，旅游文化不断得到充实、繁荣和提高，在传承历史旅游文化的基础上，吸收外来文化的优良成分，不断创新出既符合历史文脉又体现时代精神的新的旅游文化。

二、乡村旅游文化的特征

随着我国经济水平的高速发展，人们生活质量逐渐提高，对旅游越来越重视，正是在这种时代背景下，乡村旅游行业迅速发展起来。然而，伴随着乡村旅游行业的快速发展，一个重要的问题渐渐显露出来，那就是原本具有特色的乡村文化和环境正在慢慢地改变本质属性，这样造成乡村旅游行业的吸引力受到重大的影响。那么，我们应该怎样将乡村旅游的优点和魅力发扬光大呢？这也是我们现在所要面临的主要问题。

（一）乡村旅游文化的双重性

乡村旅游行业以自然存在的乡村场景、生产生活风貌、自然环境等为条件，并将其发展成旅游的项目，吸引旅游者和观光客到乡村生活、旅游、娱乐等。因为乡村旅游活动的特定性，所以乡村旅游文化在很多方面展现出双重性特征，主要表现在以下方面：

1.乡村旅游文化是旅游消费文化与旅游经营文化的综合体

观光旅游者与旅游行业经营者就是乡村旅游文化中的对立统一体。文化产品的消费者就是观光旅游者，其目的就是在感官上得到一些审美感受，而旅游消费文化是其中的一种主要形式。日常生活中文化产品创造者就是旅游行业的经营者，他们主要通过创造有特色、有韵味的生活方式来达到获得经济利益的目的。而我们所说的乡村旅游文化就是旅游消费文化和旅游经营文化的统一综合体。

2.乡村旅游文化是延续性与暂时性的综合体

我们平时生活中的观光旅游者的旅游生活是非常短暂的，一般只有几天或者几星期。某个个体或者某个团队的一些乡村旅游文化生活大多数以其旅游活动的开始为开始，以其活动的结束而结束，具有暂时性的特征。正是这种暂时性的特征的存在，使得旅游消费和我们日常生活中的消费有比较大的差异。旅游在人们正常的生活中是一种对精神生活的向往和追求，也是一种对生活中烦琐的事物短暂的逃脱或者反抗，是对文化的一种回归，增添了别样的生活色彩。然而就整体而言，旅游活动一直不会停止，虽然个体或团队的一次旅游活动结束了，但是整个社会中的各项旅游活动依然在运作，依然在进行，同时我们的乡村旅游文化依然在不断地进步，不停地发展。此外，旅游行业的工作模式相对来说是比较稳定的，一般不会产生较大的变动，旅游接待文化固定之后，不会因为观光旅游者的变更而对其产生影响。所以我们说，乡村旅游文化也具有一定的稳定性特征。

3.乡村旅游文化是文化差异与文化统一的综合体

我们日常生活中的种种旅游活动源自旅游个体或旅游团队对文化空间中新与异、奇与美的追求，存在着对不同文化的探索和体验，表达了对时间上存在差异的传统文化和新型文化的追求和向往。富有特色的乡村旅游文化是在我们社会中不同文化冲突的背景下产生的。长久以来的实践证明，在旅游行业中，旅游产品文化上的差异决定着市场对其的需求。所以，塑造有特点、有特色的旅游产品是旅游行业的首要目标。

然而，凭借日常生活中的经验我们可以了解到：旅游活动其实也可以被当成一个对文化认同的过程。如果失去产生文化认同所应有的条件，那么也将失去其存在的价值。而旅游活动产生和发展的基本条件之一就是文化的差异性。与此同时，文化差异又与文化距离息息相关，所以当它越过一定的界限之后，并不会对旅游行业产生积极的推动作用，有时还会对旅游行业的发展起到阻碍作用。

如果文化差异性的扩大超出其正常范围，则文化之间无法进行正常的交流和认同，文化旅游的吸引力就会很大程度地被削弱。在发展乡村旅游文化时要保留其民族、地域特色，但是也不能过于看重其民族性、地域性，要谨慎地对待，并对中外文化之间的关系进行详细的审查，使其不脱离传统但是又不局限于传统，这样既能彰显出民族所具有的特色，又使其含有世界上的新的文化思想。只有这样做，才能将乡村旅游业更好、更快地发展下去。

（二）乡村旅游文化的大众性

根据文化的主体和范围的不同，我们可以将其详细准确地分为两大类，一是"雅"文化，二是"俗"文化。这里所说的"雅"文化是指精英文化，是一种上层阶级的文化方式，它具有比较明显的人文理性的特征；而"俗"文化指的是大众文化，它是一种社会大众的文化方式，具有三个比较明显的特征，即商品性、娱乐性和消遣性。时至今日，旅游文化已经不单单是社会上层阶级的文化特权，它逐渐在社会大众中流行开来，是我们社会生活中大众对其紧张生活的抵抗，当今的乡村旅游文化将大众文化特有的娱乐性鲜明地表现出来。与此同时，旅游行业的大众化对其发展起到了积极的推动作用，为旅游行业的发展奠定了坚实的基础，所以，乡村旅游文化不是书斋文化，而是极具特色的民间文化；不是高堂文化，而是普及大众的庶民文化；不是上层阶级的"雅"文化，而是大众之间的"俗"文化。它具有非常广泛的大众性。

（三）乡村旅游文化的双向扩散性

在平时的旅游活动中，旅游个体或旅游团队不但是文化产品的消费者，同时也是文化传播的介质。跟一般的文化传播又有所不同，通过旅游个体或旅游团队所引起的文化的扩散具有双向性：一方面，旅游客源所在地的文化是由旅游者带入旅游接待地的，从而对接待地的文化产生了直接的影响；另一方面，旅游接待地的文化同时也会被旅游者引入客源地，进而对客源地的文化产生深远的影响。旅游者的不断流入，不单单会对接待地的经济文化构成产生影响，还会对接待地生活的各个方面造成一定的冲击力，恰恰是这冲击力，会使客源地和接待地的文化差异逐渐缩小。随着我们国家旅游行业的不断发展，旅游行业各界势必会对乡村旅游文化的双向扩散性产生高度重视。

（四）乡村旅游文化的承袭性

乡村旅游文化的承袭性是指其具有代代相传的沿袭特点，主要表现在时间方面，这是可以从纵向角度加以考察的。时至今日，现存的乡村旅游文化基本上都是从旧文化中发展过来的，人们从先辈那里继承并发扬了文化成果，并以日益更新的方式将其发展壮大下去。

（五）乡村旅游文化的地域性

地域性特征指的是以空间为基础来探索不同地域所具有的特色文化的特质，能把游客吸引过来是文化地域化的魅力所在，只有把这种地域化扩大，使之形成极具特色的地域性，才能使这种魅力长期留存下去。我们可以将其概括为"五里不同风，十里不同俗"。地域性文化形成的重要原因就是民族分布的地域性，而这种具有地域特色的民族文化代代传承下去，并逐渐沉淀到一个民族的灵魂当中，凝聚着民族成员的集体力量。深入探索文化的民族性和地域性

不仅可以满足旅游者的好奇心理，还可以为科学考察提供资料，推动科学的迅猛发展

第二节　乡村文化旅游的内容

一、农业旅游文化

农业旅游文化就是农业旅游活动过程中所创造出来的所有事物和现象的总和。农业旅游文化的各构成要素是在长期的历史发展过程中积累和沉淀下来的，在农业旅游开发中，很多文化要素都可以转化为农业旅游产品。其中，田园景观、农耕文化、手工艺文化、戏曲文化具有浓郁的乡土气息，从而构成乡村旅游独具特色的核心吸引物，成为乡村旅游开发的重点。农业旅游文化在乡村旅游文化中最具生态和绿色内涵。在寻求乡村旅游文化和绿色旅游文化、生态旅游文化交叉点的过程中，农业、旅游、文化交叉部分最多。

（一）农业旅游文化内涵

1.农业旅游文化是乡村旅游文化存在和发展的基础

从现代乡村旅游模式的产生可以看出，乡村旅游文化是以乡村生产经营活动为吸引物的文化。纯粹的乡村旅游是建立在乡村社会中并依赖乡村资源而开展的具有传统乡村文化特点的活动。推而广之，纯粹的乡村旅游文化是依托乡村农业活动而形成的农业旅游文化。从体验角度来讲，现代乡村旅游是一种感受和体验农业文化的行动，如认知农作物、干农家活等。而从资源角度来讲，

农业旅游文化是乡村旅游文化存在和发展的基础，乡村旅游文化活动如若脱离农业基础，则会缺少物质文化底蕴。当前乡村旅游文化发展过程中，很多瓶颈与困境正是农业旅游文化支撑力度弱等因素导致的。因此，对于乡村旅游文化来说，农业旅游文化是其存在与发展过程中有效的形式支撑和资源保障，是乡村旅游文化存在与发展的必要条件。

2.农业旅游文化是乡村旅游文化存在和发展的先决条件和资源

在现代乡村旅游中，文化表现形式多种多样。事实上，乡村旅游文化以各种形式存在于我们的生活之中，有抽象的形式，如文化节日；有具体的形式，如农耕文化。农耕仍然是农村人民最主要的职业。虽然有现代机器的引入，但是在田间地头，我们仍然能看到那种"日出而作，日落而息""面朝黄土背朝天"式的辛勤劳作方式，前面一头牛，后面则是老农一手扶着铁犁，一手拿着鞭子，催促着牲口。田间小路上也不乏板车碾过留下的痕迹和牛粪的味道。在生活方面，农耕文化影响下的生活拥有着较浓的乡土气息。一日三餐，茄子、辣椒、番茄、黄瓜等自家园子里生产的瓜果蔬菜是人们饭桌上主要的食物，用现代术语来说，这也许就是一种无公害生态蔬菜。近年来，各个城市的城郊观光旅游蓬勃发展，已成为城市居民节假日休憩、娱乐度假的首选，此形式目前最为成熟。简而言之，现代的乡村社会中虽然也充斥着各种移植的现代性文化，但是传统并未完消失，仍发挥着应有的功能。对于乡村旅游来说，这类"活着的过去"就成为农业旅游文化存在和发展的先决条件和资源。

3.农业旅游文化能促进乡村旅游发展和新农村建设

20 世纪 80 年代后期，我国的乡村旅游业悄然兴起。随着农村产业结构的调整、农业观光旅游项目的设计与开发，农业旅游成为农村地区发展旅游业的重要渠道，发展农业旅游为第一产业与第三产业的结合找到了一个重要的切入点。

开发农业旅游项目，是发展乡村旅游、转变农村经济发展方式、建设社会主义新农村和构建社会主义和谐社会的新途径。开发农业旅游项目,可以在增加农村经济收益的同时加速乡村文化体系的形成。而挖掘、塑造独特的农业旅游文化可以增强乡村旅游的吸引力,促进乡村旅游的发展。二者都是社会主义新农村建设的重要内容。

乡村旅游文化是旅游业和乡村文化相融合的产物,农业旅游文化是旅游业和农业文化相融合的产物。发展乡村旅游可以将传统农业资源与旅游业发展相结合,优化产业结构,促进复合型循环经济项目的建设,提升产业规模和经济效益。调整农业布局,大力发展标准农业、生态农业和创汇农业,增强乡村地区的旅游吸引力,并延伸产业链条,进而提高农业产业化水平和农产品附加值,这已经成为乡村旅游发展的主旨。发展乡村旅游不仅可以发挥旅游业在整个第三产业中的综合、关联和拉动作用,还可以使传统农业焕发新活力,强化农业作为国民经济重要支柱的地位。

农业旅游文化的开发丰富了农民增收的途径。农民是农业生产资源的最大所有者,发展农业旅游,能够使农民可以通过农林蔬果、花卉苗木、建筑设施等将农业旅游产品消费融入游、吃、购、娱、住的整个过程中,并充分发挥品牌效应,可以大大提高农产品的旅游附加值。

4.农业文化是提升乡村旅游吸引力的源泉

农业文化作为乡村文化的代表,是乡村旅游发展的灵魂和核心,是提升乡村旅游吸引力的源泉。乡村旅游以游客了解乡村历史、感受乡村文化、体验乡村生活为主要目的,没有农业文化内涵的支撑,乡村旅游就缺少生命力和竞争力,农村中原有的传统农业文明是乡村旅游发展的文化精髓,也是乡村旅游可持续发展的原动力。

我国的文化具有多样性特征,农业文化更是多姿多彩,独具特色,乡村旅游是农业文化传承、保护和传播的有效载体。我国的历史文化之根在农村,农村深厚的文化积淀彰显了我国乡村发展的悠久历史。通过发展乡村旅游,挖掘、整理农业文化遗存，理顺传统农业文化和现代文明的关系，是积极保护农业文化，实现文化长远发展的重要手段。

农业文化是维系乡村全面发展的内在动力，也是提高旅游吸引力的关键性要素，农业文化建设不仅是建设社会主义新农村和和谐社会的要求，也是我国整体文化体系建设的具体内容。乡村旅游的发展离不开农业文化建设的支撑，农业文化建设通过乡村旅游发展得以完善、深化，二者相辅相成。

（二）农业旅游文化层次

1.第一层次：营造农业旅游整体文化氛围

营造农业旅游整体文化氛围，是农业旅游文化建设最基础的工作。文化氛围的营造可以提升农业旅游在人们心中的形象，吸引其他商业活动的进入。第一层次面向大众市场，市场面宽。除了完善标识解说系统、注重旅游教育，重点要展示以下几种文化形式。

（1）饮食文化

特色饮食可以兼顾驱寒、活血、强身、壮骨等多方面的食疗效果，品尝当地特色餐饮成为游客旅游经历中的重要活动。

（2）民俗风情

独特的农耕工具、农耕方式、农耕礼节以及农民劳作行为中表现出的各种文化，成为最直接、最广泛感染游客并使其愿意体验的内容。

（3）服饰文化

适合农业生产生活的衣冠服饰，集审美和实用于一体，又具有独特性。

（4）节庆活动

那达慕大会、避暑节、吉祥节等都可以展现农业活动特色，并具有广泛的参与性。

2.第二层次：开发大众性农业旅游文化产品

结合现有的旅游产品开发大众性农业旅游文化产品，这类产品的市场范围较广，是文化宣传的主体部分，主要开发的产品有以下两种。

（1）农业劳作表演

把具有鲜明的特色，并且在全国具有很高知名度的农业劳动行为开发出来，让游客感受、学习和体验。

（2）文化观光旅游

牛马等五畜及其他动物、田园风光、独特植物等都可以让游客欣赏观光。

3.第三层次：开发专项农业旅游文化产品

专项农业旅游文化产品的市场覆盖面较小，其形式也存在一定局限，但因其品质较高，文化体验的"真实性"高，收益较高，对提升地区形象有重要影响，是文化内涵提升的持续发展支撑。要根据当地的历史和地理环境，开发如下专项农业旅游文化产品：

（1）科考旅游

在一些具有典型意义的农业区域，可以设计开发专业科学考察旅游，如对草甸草原、丘陵山地、水乡稻田的考察。在一些历史遗址、人类活动和事件发生地可开展历史考察旅游，如浙江的河姆渡遗址、呼和浩特市的大窑文化遗址、阴山岩画等，这种旅游项目需要较为成熟的前期科学研究基础和较为齐全的研究资料，对游客的科学素质要求较高。

（2）怀旧旅游

怀旧旅游是指游客前往与本人的人生经历具有某种特殊联系的地点进行参观探访。曾有大批知识青年在农村上山下乡，农业文明博大的胸怀感染过很多人，农业文化资源有发展怀旧旅游的广阔前景，目前已经有少量游客出现，但还需进一步发展和引导。

4.第四层次：提炼农业旅游文化精髓

农业文化自然地孕育了一套人、畜、地和谐相处的生态哲学，此种哲学又在一定程度上促使人们维护与自然的平衡。这种生态文化作为农业旅游文化的精髓应该重点体现，并可以融入大众旅游产品中。

5.第五层次：凝练农业旅游文化形象

通过精心设计使文化形象反映农业旅游文化的精髓，树立农业旅游的文化形象，并通过形象的引导使游客感受到文化的气息。

（三）乡村农业旅游文化功能

1.农业旅游文化生态功能

所谓农业旅游文化生态功能，是指游客基于亲近、认识和体验农作物生长环境的动机，在不损害农作物、自然环境的前提下，到相对原始的自然环境和民风淳朴的农业地区旅行，使游客获得关于农业生态方面的知识，接受一定的环境保护教育，同时促进农业种植区域的经济、社会和生态效益的持续、协调发展。

近年来被称为"朝阳产业"的旅游业的规模日益扩大，传统旅游业发展由于未遵守生态学原则，旅游活动的范围和程度超过了自然环境可承受的极限，破坏了旅游地的生态系统平衡，导致旅游地环境质量下降，旅游价值降低，使旅游业的永续发展受到威胁。为使农业和旅游业持续发展，生态农业旅游应运而生。发展生态农业旅游有助于保护农业生态资源，弘扬传统农业文化。合理利用农业文化景观及遗迹开发农业旅游文化生态功能是对我国农业文化的最好传承。农业文化是包括农业活动及与农业有关的众多文化现象的综合体，在农业发展的历史长河中，农业活动融进了中华民族的智慧和创造精神。要树立"大农业、大生态、大旅游"的思想，改变传统的、落后的、封闭式的农业生产模式，积极调整产业结构，建立各具特色的农业生态系统模式，在发展三大产业的同时，发展大区域旅游，把农业生产、民俗文化、旅游活动相结合。

（1）农业旅游文化生态功能表现

①从生态资源看

尽管我国"纯自然生态资源"不少，但许多自然景物都与静态的历史文化遗产、动态的民族及地域文化浑然一体，典型代表有陕西省生态农业旅游资源，如表 8-1 所示。

表 8-1 陕西省生态农业旅游资源

区域	自然景观	农业生态资源	依托城市
陕北	黄土高原	梯田农耕园、黄土风情文化、奇特窑洞民居、乡村集市	延安、榆林
关中	渭河平原	喷灌农业带、瓜果园、动物养殖园、花卉苗圃园、乡村剪纸、绘画工艺作坊	西安
陕南	秦巴山地	北方旱地与江南水田农作物对比，农、林、牧交叉山区立体农业，南北兼具的文化特征	汉中、安康

②从旅游者与旅游经营者素质看

一般而言，我国的旅游者与旅游经营者的民族文化素养不高，环保意识不强，为了唤起人们对大自然以及民族地域文化的保护意识，有必要强化"像爱护自然生态一样去爱护文化生态"的宣传。

③从旅游需求看

尽管生态旅游发展强劲，但文化旅游仍是我国基本的旅游形式，特别是外国游客渴望了解中华悠久的历史遗产和多样的民族、地域民俗。生态旅游和文化旅游的结合有利于教育旅游者正确对待旅游地文化。

④从旅游环境看

我国正处在工业化、现代化的关键时刻，在追求"一切向钱看"的经济效益中，工业和旅游业的发展在不同程度上导致民族文化的淡化与商业化，这不仅会进一步导致现有旅游资源的流失，而且对地方经济、社会与文化的和谐有序发展起到了阻碍作用，导致"文化失序"等现象的发生。

（2）农业旅游文化生态功能开发

①建立农业旅游文化生态发展机制

首先，方式上需要自然性、引导性的文化嫁接。旅游地文化重构与变迁存在自然重构与计划重构两种情况，自上而下的积极引导和自下而上的自然认同的结合是最佳方式，这体现了文化建设与文化认同的统一。

其次，内容上需要以本民族、本地域尚存价值的文化观念为基础，有选择地嫁接外来文化，特别需要延续族群文化之"根"或"魂"（文化基因或基本价值观），形成全球价值观、中华民族价值观、族群价值观的协调统一，孕育新的"合金文化"。这样，通过旅游发展促进族群认同，进而达到族群文化的真正复兴。旅游能够重新激发人们对当地文化和传统的了解欲望与自豪感，改变因经济与技术的发展所带来的失落与困惑。

最后，关键是培养族群的文化自信自尊，注重本土文化观念的延续，本土文化气质的传承。自然生态资源可以圈围保护，国内外实践证明也行之有效，如自然保护区、风景名胜区等。但那种企图将一个民族村寨村落圈围起来保护文化生态资源的想法与做法，不仅是不切实际的，而且是违反自然规律的。文化生态资源的保护需要强调文化平等与多样，强调当地居民的生存发展权，因为作为文化载体与旅游对象的族群是自由的、平等的。

②建设农业旅游文化生态系统工程

首先，生态旅游地文化是一个包括群体价值观，以及相关制度、行为、物质的组织系统，具备了文化性组织特征（民族、族群、村落村寨），需要通过族群文化的继承与发展形成群体价值观，达到族群认同的目的。

其次，生态旅游地文化及其环境构成了一个物质、能量、信息交换的文化生态系统，需要将自然生态、社会生态、文化生态的保护结合起来，自然生态保护解决循环再生问题，社会生态保护解决利益均衡问题，文化生态保护解决和谐互动问题。发展旅游必须把旅游活动限制在旅游地自然与社会生态系统可以承受的范围之内。

③形成利益相关的社会系统

协调农业旅游文化生态功能涉及由当地居民、旅游经营者、政府、旅游者组成的利益相关的社会系统，旅游活动中任何一方对文化生态资源及其环境的行为都具有双重性，既有维持、保护的一面，又有同化、破坏的一面。要使农业生态旅游健康发展，关键需要注意文化教育与生态管理，培养当地居民的文化自信，促使旅游经营者进行保护性经营，政府进行生态性管理，旅游者进行生态性消费。参照国外经验，最好鼓励当地居民参与，甚至主持生态旅游地的经营管理。政府、旅游者、旅游经营者平等地融入当地的文化中去，形成互动沟通的态势，实现《国际生态旅游标准》提出的文化方面的生态旅游原则。

2.民族文化保护功能

20世纪90年代以来，民族地区的农业旅游在国内悄然兴起，逐渐为企业、政府和学术界重视。开发者在追求经济效益最大化的思想的指导下，为迎合游客的消费需求，脱离当地的社会生活而进行过多的民族文化场景模仿，使民族文化舞台化、商品化、庸俗化，导致部分民族文化逐渐消失。由此招致部分文化学者的质疑甚至是反对。把这些具有极高民族文化价值的文化资源当成旅游商品来开发，导致民族文化被破坏和损毁，是对民族文化遗产的不尊重和不负责。但是，对于地方政府官员和旅游部门来说，民族文化旅游的开发能促进乡村的发展，有助于"三农"问题的解决和旅游业的发展，因而开发民族文化旅游势在必行。只有在农业旅游开发过程中强调民族文化生态环境建设，才能真正处理好"开发"与"保护"的关系。换言之，"建设"这个词，既涵盖了"开发"，又涵盖了"保护"，能较好地协调"开发"与"保护"的矛盾。因此，与其将"开发"与"保护"视作一对矛盾而讨论孰是孰非，不如强调民族文化环境的建设，通过农业旅游文化的开发，实现民族旅游文化产业的协调发展。

（1）民族文化保护功能的表现

①确立村民作为民族文化的主体地位

在农业旅游文化开发中要充分考虑各利益方的权利与义务，在政府、开发商、村民和旅游者的利益需求等方面的博弈中达到一个平衡点。只有各方利益分配平衡并得到保障，他们才会积极支持农业旅游的发展，才会主动参与建设民族文化生态环境。对于农业旅游资源而言，村民才是其自然生态环境和民族文化遗产的基本承载者，才是旅游者所欣赏的民族文化景观的构成主体。只有在农业旅游利益的分配中充分体现村民的主体地位，保障村民的权益，使村民意识到维护民族文化生态环境与自身的利益息息相关，他们才会主动自觉地参与建设民族文化生态环境，发挥地方政府或旅游开发企业无法发挥的作用。

②重视民族文化承载力

民族文化承载力把旅游开发和利用的强度、游客进入的数量控制在民族文化生态环境系统能够承载的范围内。在旅游开发时要尽量保持旅游资源的原始性和真实性，不仅要保护大自然的原生韵味，而且要保护当地特有的传统民族文化，避免因开发造成"民族文化污染"；旅游接待服务设施的建筑风格应与当地自然环境和人文环境协调，保证民族文化生态环境不受损害。

③提高民族文化资源价值

贯彻"旅游开发，资源有价"的原则，只有充分认识"资源有价"，开发者、管理者、旅游者才能更自觉地去保护它；只有有偿使用资源，才能使得对资源的保护有经济支撑，才能减少粗放的、破坏性的开发，避免低水平开发和低水平管理对资源造成破坏。

（2）民族文化保护功能开发

①将旅游开发与村民就业联系起来，使村民从旅游产业发展中获益

村民参与农业旅游文化发展过程的各项决策活动，是确保村民权益得到保

障的前提和基础。农业旅游产业开发中要尽可能地优先考虑本地村民就业，在旅游业中的就业人数越多，村民对旅游业的依赖程度就越高，他们对旅游业的发展就会持越积极的态度。因此，优先考虑当地村民在旅游业中的就业问题，不但可以提高居民的收入，同时可以缓解村寨的就业压力，有助于当地社区的稳定。

②选择适当的开发模式并最大程度体现当地村民利益

不同的开发模式对民族文化生态环境的影响不一样，开发模式的不同，也必然影响村民对民族文化生态环境建设的积极性和主动性。目前，农业旅游收入主要集中在旅游开发商和直接从事旅游活动的人群手中。由于绝大多数村民没有从农业旅游产业发展中受益，或者受益其少，这必然影响到村民参与民族文化生态环境建设的积极性，并最终损害农业旅游文化产业的持续健康发展。

③成立村民自己的民族文化研究与保护组织

村民通过对属于自己的民族文化的研究，能增强对自己的民族文化遗产的自豪感；村民在对民族文化进行研究的过程中可以对其农业生产经验等进行记录和整理，使其为旅游开发提供文化支撑，也可以有效地将本民族的文化传承和发展下去。这些活动既能使村民参与旅游开发来为游客提供服务，同时又能传承和发展民族文化。

④合理分工，利益兼顾，促进民族旅游文化持续发展

在农业旅游发展中，一个村寨不可能使所有的村民都直接参与旅游接待，只有少部分村民可以接待游客，那些没有条件去接待游客的村民可以直接为接待游客的农户提供食品原料，如粮食、蔬菜、猪肉、鸡、鸭等。通过结构调整延长旅游产业链，使更多的人能够直接或间接参与旅游服务，扩大受益面，能够为民族文化生态环境的保护和建设奠定群众基础。

3.传统文化传承功能

文化的发展按照一定的价值取向逐步规范化，并成为一种相对稳定的形

态，这就是文化人类学所称的"文化模式"。传统文化作为代代相传的、整合人们日常生活的模式，对调整特定社会中的共同体的行为起着重要的作用。乡村居民的社会性决定了其不可能完全脱离农业关系而存在，必然要受农业传统文化的约束，而乡村居民的自然性又使其不得不面对现实的生活，因此任何传统的规矩、章法、价值等都会在历史与现实的交织中发生嬗变，这些农业传统文化既是此前文化的积淀，也满足了当下社会的需要，只不过它的嬗变不可能是人类的设计或意图造成的结果，而是在历史与现实的张力中完成的，其"走向"是由传统持有者的价值取向决定的。换句话说，后辈对前辈农业传统文化的"承接"是以后辈对前辈文化的理解以及当下社会主导文化价值体系为标准的，只有那些得到理解、符合后辈所处时代主导文化价值体系的传统才能被传承下来。从这个意义上讲，"有用性"（或称为"价值感"）是农业传统文化在共同体中得以传承的先决条件。

（1）农业传统文化中的器物层面和精神层面的保护

传统文化中处于器物层面的保护行动可以由官方保护人、艺术投资者、购买人来完成，精神层面的传承则不可能离开这种文化赖以生存的土壤。在这个问题上，任何"他者"都只能起到教化的作用，因为外因只有通过内因才能起作用。研究者能给予的是如何让文化持有者更早地认识到传统文化对他们自身的有用性，即给予智力支持；而官方能给予的是创造一个良好的环境，即给予制度保障，让传统文化开发与保护同步的情形尽早在更大的范围内实现。

（2）通过"文化自觉"挖掘和保护农业传统文化

农业传统文化得到挖掘和保护的根本在于共同体的"文化自觉"。"文化自觉"概念是费孝通先生提出的：文化自觉指的是生活在一定文化中的人对其文化有"自知之明"，并且对其发展历程和未来有充分的认识，也即"保持对自己身份的骄傲与自豪感"。一个民族只有对自己文化的价值和意义有深刻认识，才会去挖掘和保护自身的传统文化，换句话说，只有对共同体生存和发展有价值（既有经济有用性，又有社会有用性）的传统文化才可能得到传承。

（3）促进落后农业地区经济快速发展，使其跳出"文化低度开发陷阱"

促进落后农业地区经济快速发展，使其跳出"文化低度开发陷阱"，是实现传统文化保护的一种有效途径。从现实的情况看，共同体的"文化自觉"需要经济的支撑，只有在满足了生理需要、安全需要的前提下，人们才会去追求归属需要、自尊需要等"能引起更合意的主观效果，即更深刻的幸福感、宁静感，以及内心生活的丰富感"的高级需要。

4.消费文化革新功能

（1）消费文化革新功能内涵

①农业是现代社会文化旅游消费的供给者

人类几千年的农业文明史，形成了丰富多彩的农业文化，教育了无数代人。对都市生活感到厌倦的城市居民，有一种截然不同的农业情结，希望有机会去体验一下农耕生活的乐趣，以满足他们的求新、求奇心理。而且我们可以看到这样的趋势：工业化程度越高，人们对农村生活的留恋也越强烈。农业文化旅游消费的含义是：由农业提供的一部分消费功能，不是以营养物、生活用品或工具等形态去满足消费者的物质消费要求，而是以多姿多彩的文化等满足游客的文化消费要求。例如，下田插秧对农民来说是一种物质劳动，而对城市居民来说，却是一种特殊的文化旅游消费。

②现代社会是对农业文化旅游消费新观念的传输者

社会的发展，使农业不仅仅局限于生产作物的基础产业地位，它已成为与都市生活不同的一种生活方式，能够提供都市所没有的清新空气、淳朴民风、宁静环境。事实上，人们的物质消费要求让位于人们的文化旅游消费，是以前者得到满足为前提的，在这种情况下，农村居民向往现代城市生活，而城市居民向往现代农村生活，这种动机促成了旅游活动的实现。从人们的生活细节可见一斑，城市居民大多数都会在阳台或窗户上种一些花，或者养一些解闷的宠物。尽管不是有意识地倡导，但认为农业不仅是满足物质消费要求的产业，而且也是满足文化旅游消费要求的产业的新观念，正在通过市场机制成为我国旅游业与农业的一个新的经济增长点。这对丰富人们的日常生活、改善人们的消费结构、缩小城乡差距意义深远。

（2）消费文化革新功能表现

①文化商品消费的农业旅游

在自然界中有许多可以增添生活乐趣的东西，如花鸟虫鱼、各种宠物与植物，特别是当它们以现代工艺包装或者被人们从各种角度仿造以后，会令人爱不释手。例如，农村常见的葫芦，可以加工成药葫芦、水葫芦、酒葫芦等；那些刚出壳的小鸡、小鸭和刚出生的小兔，都是城市居民难得一见而非常想拥有的。农业旅游不仅带来精神文化消费的满足，而且提供各种文化商品，这是旅游收入的一大来源。在美洲的一个印第安部落，他们认为蝴蝶能把人们的心里话带到天上，告诉天神，从而心想事成，因而到那里观光的游客，争先恐后地购买他们的蝴蝶，在中国鄂西北，当地的居民都喜欢穿一种叫"西兰卡普"的衣服，因为它象征着对爱情的忠诚与对事业的执着，游客听完当地神奇的故事后，都会买上几件，以表达自己的美好心愿。

②休闲观光的农业文化旅游

为了满足人们在节假日回归自然的需求，我们可以在城市附近建立向游客开放的自然保护区与森林公园，特别是野生动物园和观光农场，对城市居民更有吸引力。欧盟已经把支持观光农业旅游作为支持共同农业政策的一项新内容。观光农业旅游作为一个新兴的旅游项目，首先兴起于大中城市周边地带，其发展过程可分为三个阶段。这三个阶段是与特定的经济基础相对应的，开发式的观光农业旅游项目最有可能在旅游业具有相当基础的大中城市周边出现。

③体验农业生活的文化旅游

游客通过亲自参加农业劳动来体验农业劳动的艰辛和丰收的喜悦，比单纯地参观农业劳动更过瘾、有趣，更有教育意义。一些土地多且地价便宜、气候适宜的国家和地区，中等收入的城市居民都会在不远的乡间打理一块自留地，自己干干农活，舒展一下筋骨。但在亚洲，特别是我国，由于人多地少，统分结合的公共农场形式可能更现实。在日本，一种"市民农园"应运而生，城市居民可以在其中租赁一块土地学习农业技术，尝试参与农业耕作全过程，收获的农产品要参加评展。

二、民俗旅游文化

乡村民俗旅游是近年来在乡村悄然兴起的一种新型文化旅游现象，它借助乡村绚烂古朴的人文景观、浓郁纯粹的民俗风情、浑然天成的自然风光，便捷通畅的交通条件，通过开发以民俗风情游为主要内容的"民俗游""民俗度假区""农家乐""乡村酒店""乡村大舞台""乡村博物馆"等产品，吸引游客进行民俗风情赏析、农业生态观光、休闲度假娱乐，从而促进乡村经济的发展。事实证明，乡村民俗旅游对贫困乡村地区的村民增收起到了积极的推动作用。另一方面，大量的事实也说明，科学的旅游开发才是保护乡村传统民俗文化资源的最有效方式。

（一）民俗概述

民俗就是民间风俗，是创造于民间又传承于民间的具有世代相袭的传承性的事物和现象。乡村民俗文化涉及乡村的生产、生活、礼仪等多个方面，生动活泼、丰富多彩。

1.民俗的分类

目前，学术界一种较为普遍的分类方法是把各种民俗事项分为三大类：口头民俗、风俗民俗和物质民俗。

（1）口头民俗

口头民俗指的是以口头语言的形式传播的民俗事项。口头民俗又可分为三种类型。

①叙事民俗

叙事民俗就是以散文叙事体的语言形式传播的民俗事项，主要包括民间故事等。

②俗语民俗

俗语民俗指的是或以口头短语、或以一句或几句话、或以一些描述性的词汇的形式传播的民俗事项，主要包括谚语、俗语词、谜语、绕口令、咒语、誓言、驳词、祝词、打招呼用语等。

③音韵民俗

音韵民俗指的是以有节奏、有韵律或有音乐伴奏的语言形式流传的民俗事项，包括民歌、民谣、故事歌、口头史诗、游戏歌谣、民间音乐等。

（2）风俗民俗

风俗民俗是以传统的风俗和习惯的形式传播的民俗事项，主要包括民间节日、民间信仰、游戏、具有某种意义的手势或姿势、民间医药、仪式活动、民间舞蹈、民间戏剧等。

（3）物质民俗

物质民俗是指以有形的、可以看得到的物质的形式传播的民俗事项，主要包括：

①民间建筑

由于不同地区的气候条件不同、建筑材料不同，不同地区居民的生活文化和所从事的经济活动有所不同，不同地区的居民从居住习俗到居住形式也存在着很大的差异。尤其是居住形式，是民俗中不可多得的景观。中国民居建筑主要可以分为帐篷型、干栏型和上栋下宇型。

②民间美术

民间美术包括剪纸、年画、民间刺绣、玩具、香袋、风筝、泥塑、纸扎、纸马等。

③民间服饰

服饰民俗是指人们在衣服、鞋帽及其佩戴和装饰等穿戴打扮方面所形成的习俗。服饰民俗深受自然环境、生活水平、生活方式等外界条件的影响。一般来说，北方少数民族多穿宽袍长褂；南方少数民族则长短裙裤皆有，服饰的多样性高于北方。汉族服饰的色彩较少数民族服饰的色彩逊色许多，但也有独特之处。

④民间饮食

中国人的主食主要是米食和面食两大类，南方以米食为主，北方包括华北、西北等地往往以面食为主。汉族菜肴大体可分为"八大菜系"，这"八大菜系"各有特点，大体可概括为"南甜北咸，东辣西酸"。少数民族的菜肴则各具特色。饮食习俗包括居家饮食习俗、节日饮食习俗以及嗜食与禁忌。

2.民俗的特点

（1）传承性

民俗是一种实践，是无法从书本上和正规教育中得到的，人们也根本不需要去学，它本来就是生活的一部分，人们只能通过生活中的耳濡目染、亲身经历、切身体会、观察模仿来获得。在实践活动中，我们接受了这种生活习惯，承袭了这种文化传统，获得了这种价值观念和道德标准，并不自觉地成为这种文化的载体，把它传给子孙后代。所以，民俗是活的、流动的。

（2）差异性

差异性是民俗事项的一个非常显著的特征。民俗的传承方式决定了民俗事项不可能只有一个版本，因为民俗是活的、流动的，因此也就永远不会被按原样全部记录下来。每个人对某一民俗事项的讲述、表演、模仿和重复都可以说是一种再创造。

（3）地方性

尽管一些民俗事项在全国各地乃至世界各地都有异文，但如果把这些异文进行比较的话，我们会发现每个地区的异文都反映出不同的文化传统，都在某种程度上代表着这个地区人们的处世态度、价值观念等。

（4）功能性

从现代民俗学观点看，民俗作为一定社会群体的行为模式，涉及物态的、心态的、动态的及语态的广阔领域，其生成、传习、变异或消亡受多重因素的制约，其中最活跃、最关键的就是功能。所谓功能性，指的是一切民俗事项都有其内在的功能，都直接或间接地满足着人们的需要，只要它存留于世，总有其实际的作用，绝不存在毫无作用的民俗。

（二）乡村民俗旅游概述

民俗与旅游是一对孪生兄弟，只要旅游者离开居住地到异地，就会感受到一种与自己的惯常居住地不同的风土人情，给旅游者一种完全不同的文化生态环境，即旅游目的地的民俗文化氛围。没有一种旅游行为是能脱离旅游目的地的民俗文化的。以民俗为内容，开展各项旅游活动，已成为当今旅游界的一大热点，乡村民俗旅游也是乡村旅游的重中之重。

国内学者对民俗旅游的定义虽然表述各异，但本质实际上是一致的。民俗旅游是一种以体验异域风俗为主要动机的旅游活动。民俗旅游是指旅游者被异域的独具个性的民俗文化所吸引，以一定旅游设施为条件，离开自己的惯常居住地，前往旅游目的地，进行民俗文化消费的一个动态过程的复合体，是人类文明进步所形成的一种文化生活方式。民俗文化作为一个地区悠久历史文化的结晶，蕴含着极其丰富的社会内容，具有独特性与不可替代性，因此，民俗旅游属于高层次的文化旅游。目前，民俗旅游的内容主要包括生活文化、婚姻家庭文化、人生礼仪文化、口头传承文化、民间歌舞娱乐文化、节日文化、信仰文化等。

1.乡村民俗旅游的主要类型

乡村民俗旅游是以体验乡村风俗为主要动机的旅游活动

第一，结合邓永进在《民俗风情旅游》一书中的分类方法，乡村民俗旅游可以分为三种主要类型：参观欣赏型、了解领略型、参与体验型。

从目前我国乡村民俗旅游的人次、规模看，参观欣赏型乡村民俗旅游所占比例最大。参观欣赏型乡村民俗旅游的游客多为自费旅游，在乡村民俗旅游地停留的时间一般不是很长，总想在有限的时间里多参观几个乡村民俗旅游地，尽可能多地游览乡村民俗景点，了解乡村民俗旅游地的民俗风情。

了解领略型乡村民俗旅游是由于旅游者探索乡村民俗风情奥秘的心理而形成的民俗旅游模式。这种类型的旅游，人数、规模的比例相对低些，但层次较高。

参与体验型乡村民俗旅游是近几年飞速发展的一种旅游行为。旅游者在乡村民俗旅游地逗留的时间一般较长，对乡民俗旅游地的选择具有一定的方向性，对乡村民俗旅游点的要求通常是少而精，不走马观花，希望得到原汁原味的乡村民俗旅游产品服务。

第二，根据民俗旅游的体验内容，乡村民俗旅游又可以分为以下主要类型：乡村生产和生活民俗旅游、乡村游艺竞技和文学艺术民俗旅游、乡村礼仪制度和社会组织民俗旅游。此处不再详细介绍。

2.乡村民俗旅游的原生态本质特征

欣赏乡村原生态的秀丽田园风光，享受和品味与城市截然不同的悠闲、自在的生活方式和宁静祥和的生活氛围，是城市旅游者参加乡村旅游的主要动机之一。也就是说，乡村性和地方性是乡村与乡村旅游客源地的最大差异之处，是乡村旅游的核心吸引力，也是乡村旅游发展的重要资源。乡村性是乡村旅游整体推销的核心卖点，所以依托优美的乡村自然环境，挖掘浓郁的地方特色，展现真实的原生态乡村生活，是发展乡村旅游的基本条件，也是开发乡村旅游产品的基本要求。

从理论上分析，乡村旅游的类型是存在梯层结构的，在时序上呈现由低到高、由浅到深的发展趋势，以文化为主要内涵的乡村民俗体验旅游是乡村旅游的最高层次，乡村民俗旅游要突出原生态，不仅要突出自然生态，还要突出社会生态，乡村的社会生态主要表现在村里，而不是表现在户里。这种社会生态本身就是我们的资源，如果把它做好了，就会成为非常有吸引力的资源。所以说到底，乡村民俗旅游要突出文化，突出原生态，形成独特的旅游产品，这样才能树立形象，打造品牌，形成市场竞争力。

3.乡村民俗旅游的功能

（1）了解与沟通

乡村民俗旅游是外国人了解我国乡村民俗文化的窗口，也是我国各民族、各地方迈向世界的通道，"越是民族的，就越是世界的"。国际旅游业出现了以探寻异域风俗为主的态势——乡村民俗旅游有"新""美""土""俗""野""乐"等特点，让人感到亲切，令人觉得稀奇，对促进中外文化交流具有重要意义。

（2）资源与经济

发展乡村民俗旅游有利于发挥当地资源优势，促进经济发展。发展乡村民俗旅游就可以把当地的民俗资源优势转换为现实的旅游产品，充分发挥旅游业的拉动作用，促进乡村经济发展。

第一，可以直接利用民俗文化旅游资源产生经济效益，比如充分利用颇具民俗风情的民间建筑、饮食、歌舞、游戏等建立民俗村、民俗风情园、民俗博物馆、民俗风情缩微景区等。

第二，可以间接利用民俗文化旅游资源为地方经济的发展服务，比如利用民俗传统节日、民俗艺术节、民俗礼仪活动展演等招商引资、宣传促销，以推动乡村经济（特别是第三产业）的发展。

尤其在那些经济发展相对落后而民俗风情又集中的地区，发展乡村民俗文化旅游可以使当地居民获得较丰厚的经济收入，促进市场的繁荣与发展，刺激其他产业的发展，改善当地经济产业的结构，从而使乡村经济水平得到不同程度的提高。

（3）文化与情趣

发展乡村民俗旅游有利于丰富旅游的文化内涵，增加旅游情趣。目前国际旅游市场消费也正向高层次发展，旅游者已不仅仅满足于观光式旅游，而更注重在旅游目的地参与多种有趣的活动，亲身体验异质文化，进而开阔视野，丰富阅历，并从中获得无穷的乐趣。乡村民俗旅游无论在内容上还是在形式上都具有民族性、地方性、文化性和参与性的特点，这就充分满足了旅游者寻求异域情趣的需求，使旅游者能够获得原汁原味的文化享受。

（4）教育功能与民族精神

发展乡村民俗旅游有利于加强旅游的教育功能，弘扬民族精神。民俗文化现象产生于一定的社会生活，反过来它也对它的母体产生影响。民俗文化在人类个体的社会化文化生活中起着教育作用，可以使每个旅游者重新受到民族传统美德的熏陶，增强民族自豪感和自信心，弘扬民族文化和民族精神。

（三）乡村民俗文化资源的开发和保护

乡村民俗文化是乡村旅游最具开发价值的资源，利用乡村景观及其传统文化资源，可以开发具有高附加值的乡村旅游产品，推动乡村旅游产业化发展。随着乡村民俗旅游的迅猛发展，乡村，特别是处于城市边缘区的古村镇的传统民俗文化也受到了巨大的冲击。大量实践证明，只有对乡村的文化资源及其环境采取有效的保护措施，才能实现其可持续发展。

1.乡村民俗文化资源的开发

在旅游业飞速发展的今天，利用乡村民俗文化的旅游价值，开发乡村民俗文化资源，建立乡村民俗风情旅游点，设计乡村民俗旅游线路，规划乡村民俗旅游区，不仅仅是旅游学界、民俗学界、地方政府和广大乡村人民的共同心声，也是我国旅游业进步的重要标志。

（1）乡村民俗文化资源的特点

①自然美

乡村民俗有一种"自然发展"的感觉，这主要表现在它的真实性和和谐性上。无论是服饰、饮食、民宅，还是礼仪、节庆、民风，凡是能够成为旅游资源的民俗事项和载体，都是一个地区人们生活的真实反映和本来面目。和谐性是指民俗风情及其载体都是一定环境的产物，它们与自然环境和各种景观往往和谐并存、相辅相成、相得益彰。任何排斥自然环境和其他景观的民俗风情，都不可能成为旅游资源。任何造作的开发和盲目的"现代化"，都会造成对民俗旅游资源的破坏。

②地域性

乡村民俗文化的地域性，是指尽管民俗文化可以传播和模仿，但是，民俗文化仍然扎根于原生土壤，属于其土生土长的地方。

③神秘性

在众多的乡村民俗事项中，有不少民俗带有不可捉摸和不可理解的神秘色彩。

④人情味

人情味意味着人与人之间平等团结、尊重信任、真诚友好、热忱交往。由于商品经济的发展、生存竞争的加剧和生活节奏的加快，社会中的人逐渐变得冷漠、虚伪、自私，缺乏交流和人情味。而民俗文化作为旅游资源，更多地展示了人情味，能够很快地拉近与游客的距离。

（2）乡村民俗文化资源开发的原则

乡村民俗文化资源的开发，是乡村民俗旅游的一项基础性工作，是以特定的旅游战略思想为指导，在一定地域范围内，对散存在乡村的各种形态的民俗旅游资源进行开拓和建设，使其转化为民俗旅游产品的行为的总和。乡村民俗文化开发应选择符合当地实际、最能体现民俗文化特色的适当形式。开发乡村民俗文化资源应从以下几个方面着手。

①开发与保护协调

在乡村民俗旅游项目设计过程中，要将保护工作放在首要地位，切实加强保护措施，既要保护乡村旅游区域的自然环境，尽量减少对周围环境的污染，又要保护建筑文化和民俗文化，突出乡村特色；保护的成果又会增加乡村民俗旅游的吸引力。

开发乡村民俗旅游时如果不注意保护，过度开发就会超过社会和环境所能承受的限度，就会带来环境质量下降、资源破坏、社会治安混乱等负面影响，从而影响乡村民俗旅游的可持续发展。

②突出差异性与特色性

鲜明的特色是旅游资源的生命力所在，富有特色才会吸引游客的注意。旅游经济本身就是注意力经济，要注意各个乡村民俗旅游设计项目之间的差异性，体现"人无我有"的特色。城乡文化的差异，以及不同地区、不同民族文化的差异是乡村旅游的重要吸引物，差异越大，吸引力也就越大。在开发、建设乡村民俗旅游项目时，一定要结合当地实际，突出特色文化，用"特色"这块招牌树立形象。

③以市场需求为本

必须研究旅游市场、适应旅游需求，认真分析、研究旅游群体的构成情况、消费层次以及兴趣爱好等，对旅游产品进行调整，开发适销对路、有质量、有特色的乡村民俗旅游产品，并提供优质服务。乡村民俗旅游活动的设计要以趣味性为先导，以参与体验为中心，有适当的知识渗透。一般来自城市的游客都有体验农家生产生活的潜在需求，在产品设计中要适当引导，利用游客对乡村民俗旅游已有的兴趣，激活其潜在的兴奋点，吸引更多的游客。在突出各自主题或重点的前提下，开发具有浓郁文化内涵的乡村民俗旅游项目，追求形式的多样化，提高游客的参与程度，以满足不同年龄、不同层次游客的需求，保持乡村民俗旅游旺盛的生命力。

④增强参与性

一方面，就开发者而言，民俗是种大众文化。人民大众既是民俗文化的创造者，又是民俗文化的载体，他们在现实生活中的一举一动，大多反映和体现着一个地区或民族的民俗文化，民俗旅游开发实质上就是将民众言行所表现出的民俗旅游资源转化为民俗旅游产品。在民俗旅游资源的开发中，专家、学者的指导、设计固然很重要，但决定性的构成要件则是民俗的载体——民众。如果人员配合不到位、资金投入不够，或者有中途退出的投资者，小则影响质量，大则项目失败，因此民俗旅游资源开发不可能像自然资源、历史文化资源开发那样交由专业人员独立进行，它必须由专业人员与当地民众共同参与才能完成。甚至可以这样认为，民众的参与程度是影响民俗旅游资源开发成功与否的关键因素。

另一方面，就旅游者的需求而言，目前，大多数乡村民俗旅游主要停留在吃、玩、住等较低层次的休闲娱乐阶段，游客的参与性不足。而对于休闲旅游来说，游客在其旅游过程中参与的愿望正变得越来越强烈。因此，在乡村民俗旅游活动中增强参与性，是吸引游客的有效途径。同时，乡村民俗旅游的参与体验活动不应该是单方面的，而应是一种宾主间的相互作用：主人把乡村民俗传达给宾客，宾客再把对乡村民俗文化的理解、情感体验等信息以自身的表情、动作等反馈给主人，形成交流。所以乡村民俗旅游要通过对项目活动过程的设计、组织、控制、引导，使游客积极参与各种活动和实践探索，从中感受快乐。

（3）乡村民俗文化旅游资源开发的内容

乡村民俗旅游属专项旅游，乡村民俗旅游资源开发也是专门旅游资源开发。因而，在开发的内容上，既要照顾"面"，又应强调"乡村民俗文化旅游资源开发是乡村民俗旅游开发的中心工作，是旅游地形成接待力的基础"。由于民俗文化旅游资源多种多样，各地的开发范围、开发规模、开发重点、开发条件不同，民俗旅游景观开发的方式也有较大的差异，常见的有：

①服饰景观开发

服饰民俗是区域或民族的自然环境、经济条件、文化修养和审美观念的综合反映，不同民族有不同的服饰，同一民族在不同的历史时期，服饰也有较大变化。服饰景观的开发，不仅可以展示不同民族的文化、审美风貌，而且能反映民族的历史，给游客以美的享受和历史知识的拓展。

②饮食文化景观开发

我国是"饮食文化王国"，不仅有八大菜系，不同地方有不同的风味，有不同的时尚，而且讲究饮食与审美、艺术、礼仪、禁忌的结合。什么样的场合饮什么样的酒，使用什么餐具、酒具、茶具，制作什么样的食物，使用什么样的礼仪，都有一套完整的惯制。中国的饮食既是物质享受，又是美的熏陶。饮食文化景观的开发可大有作为。

③民居景观开发

民居是人类的主要生活空间，是艺术、文化、科技的综合体现，是人类文化进步的纪念碑。民居具有艺术性和直观性，最能显示区域风情，它的景观效果也特别好，应为民俗旅游资源开发的重点之一。

④交通景观开发

交通景观开发主要是对民俗范畴中的交通工具及设施的开发。它们都有很高的旅游价值，游客可观赏，也可把玩。

⑤商贸景观开发

商贸为人类社会经济生活中的一个重要内容，涉及面也较广。

⑥节日庆典开发

节日庆典系综合性的民俗，是民族或区域民俗生活的集中盛大展示。我国各民族节日庆典极为丰富，几乎每年每月都有节日。节日中丰富多彩的活动，丰盛的饮食，热闹、愉悦的氛围，让人们不仅从中获得知识，得到快乐，而且交流了情感，增进了友谊。节日庆典构成了民俗旅游资源中最绚丽多彩的一道风景线，是民俗旅游资源开发的重中之重。

⑦歌舞景观开发

民间音乐、舞蹈、曲艺、戏剧是人们喜闻乐见的艺术形式，种类多，源远流长，特色鲜明，具有独特的韵味和特殊的感染力。古朴、优美的曲调，热情奔放、精湛、诙谐的表演，生活化的内容，使人得到莫大的艺术和文化享受。歌舞景观的开发，不仅能满足游客的精神文化需求，而且能改变"白天看庙，晚上睡觉"的单一旅游套路。歌舞景观的开发，在西南地区较为成功，已积累了相当多的经验。

⑧体育游戏景观开发

体育游戏景观开发指利用民间体育游戏的竞技性与娱乐性，开发旅游项目，以满足现代旅游者的参与、康乐、刺激需求。体育游戏景观的开发，投资少，见效快，应列为开发的重点。

⑨民俗商品景观开发

民俗商品既是旅游购物的主要对象，同时又因其所特有的实用性、艺术性、观赏性，具备景观构成的基本要素，成为一项重要的民俗景观资源。将民俗商品作为游客的购物品进行开发，在旅游界相当受重视。

（4）乡村民俗文化旅游资源开发的形式

①农家乐

成都市旅游局对"农家乐"的定义是：利用庭院、堰塘、果园、花圃、农场等自然资源和乡村文化资源优势，吸引旅游者，为旅游者提供观光、娱乐、运动、住宿、餐饮、购物等服务的经济实体。它利用乡村自然资源和人文资源，将第一产业和第三产业有机地结合起来，成为许多大城市周边地区服务市民、致富农民的首选旅游产品，在解决"三农"问题中发挥着特殊的、不可替代的作用。

"农家乐"以其距市区近、耗时少、消费低、环境清幽、轻松闲适的特点适应了城市居民休闲度假的需求，很快就在各地得以迅速发展，以"吃农家饭、品农家菜、住农家院、干农家活、娱农家乐、购农家品"为特色的成都"农家乐"闻名海内外。

②乡村酒店

乡村酒店所处的位置在乡村，有供游客进行乡村旅游活动体验的特色乡村景点，有反映乡村文化特色的旅游活动，有供游客进行乡村生活体验的活动场地，并提供相应的服务。乡村酒店能够以天为时间单位，向客人提供配有餐饮、组合休闲活动、住宿及相关服务的酒店、度假村、俱乐部等。

乡村酒店具有独特的文化个性，有着其特殊的文化符号，在旅游接待上注入了人文内容，而且主客共同参与这些文化活动。其中有的以庄园文化、古堡文化见长，满足旅客怀古寻旧的愿望；有的以收藏古玩见长，主客共享鉴赏珍品的乐趣；有的则以花卉园艺取胜；有的以拿手私家菜吸引客源。

2.乡村民俗文化旅游资源的保护

（1）民俗文化资源保护纳入农村建设整体规划

乡村旅游的可持续发展的根本是资源问题，而清理并保护现有的资源是当务之急，特别是要将民俗文化保护的问题纳入有关地区的整体规划，成为地区经济生活的一部分。在乡村旅游地新农村建设的规划中，必须强化景区资源特色和文化的挖掘与包装。在了解当地文化及民俗民情的基础上，充分挖掘乡村传统文化中的精、气、神，尽量保持本土的建筑符号，有效地设计出宜居、功能多样性、与乡村传统风格不相冲突、和大自然相协调的真正的"新"农村。

（2）群众性保护为主与专业部门重点保护为辅的原则

民俗是一种群体文化，载体主要是人。民俗文化五彩缤纷，是由人的行为与活动表现出来的，没有群众，也就没有民俗的一切。因此，保护民俗旅游资源不仅是个别专家、学者或旅游工作者的事，而应成为全民族、全社会的共同行动。

尽管时代风云变幻，民俗文化仍在我们的现代生活中起到相当大的作用。当然，也有许多民俗正在减少或即将丧失其在现实社会中的功能。通过发展民俗旅游，满足人们对民俗文化的认知需求，塑造民俗文化的新功能，保护民俗文化及民俗旅游资源的紧迫性、必要性就能为人民群众所理解，人民群众就会把保护民俗旅游资源变为普通的自觉行动，从自身做起，从本地区做起。

（3）保护精华的原则

旅游是一种高雅的文化娱乐活动。旅游者不远万里来到旅游目的地是为了观赏、考察当地的民俗精华，而不是来看低级趣味的。旅游地所供给的民俗景观也应当是当地的优良民俗，所以，就开发而言，开发的对象为广泛存在于社会并起积极作用的优良民俗；就保护而言，其目标也应如此，绝不能鱼龙混杂，更不能把糟粕当成精华加以保护。保护民俗精华的基础是正确地区分精华和糟粕，区分的主要标准是看其是否符合辩证唯物主义和历史唯物主义的基本原则，是否有利于促进社会的进步，是否有利于旅游业的发展，是否有利于中华民族文化地位的提高。

（4）宣传民俗文化价值，提升人们保护民俗旅游资源的责任感与自觉性

旅游地的民俗文化变异、消亡的原因是多方面的，有些是开发者行为不当，

有些是外来文化冲击，但更多的是对民俗文化的旅游价值不了解。这就需要有关部门向旅游地的居民广泛地进行宣传教育。此外，民俗受外来文化的影响不可避免，各地或各民族民俗文化之间的交流、碰撞就是相互借鉴、学习的过程。我们正确的态度应是，在保持自己民俗文化特色的基础上，适当吸取外来文化的精华，发展自己的民俗文化。我们要通过宣传，让人们明白一个国家、一个民族、一个地区，在其发展过程中其他任何东西都可以创造，唯独以往的历史遗迹和传统民俗不能再创造，它们一旦被破坏和污染，就难以复原。所以，务必珍惜民俗文化，妥善保护民俗文化，变强制性保护为人人自觉参与保护。

第三节　新媒体视域下乡村文化旅游产业的传播策略

随着人民生活水平的不断提高，旅游这样的休闲度假方式逐渐成了人们更加普遍的选择，其中乡村旅游也得到迅猛发展，但相应的宣传推广却并不能满足时下乡村旅游的发展需要。在新媒体视域下，借助新媒体的各种技术手段和众多推广渠道，可以更好地推动乡村旅游的稳定持续发展。

近些年来，新媒体日益壮大，融入人们生活的方方面面，然而乡村旅游的发展却并未很好地利用新媒体的宣传推广优势。探索新媒体视域下乡村旅游的宣传推广方式，拓宽宣传推广渠道，可以更好地吸引游客，促进乡村旅游的蓬勃发展，为实施乡村振兴战略提供坚实的经济基础。

一、新媒体与乡村旅游的结合

新媒体在近些年的不断发展完善中逐步扩大影响力，在社会各个领域均发挥着不可小觑的作用。新媒体是技术变革导致媒体形态变革的产物。个性化突出与受众人群多是新媒体最为突出的特征，同时新媒体兼具表现形式多样、信息更新及时的优点，可以搭配知识营销、会员营销、口碑营销等多种营销手段。

乡村旅游是一种新的旅游度假形式，以乡村野外为特色，营造不同的空间体验感，无人为干扰，无生态破坏，以最大程度地保留自然风光，使游客可以体验原汁原味的乡土风情。近些年来，乡村旅游备受国内外游客，尤其是城市游客的喜爱，已然成为时下流行的休闲度假选择之一。相关纪念品也是乡村旅游的另一大特色，这些纪念品种类繁多，彰显着乡村旅游的特色，具有乡村性、民族性、参与性、文化性等，能给予城市人群耳目一新的体验。乡村旅游中不可或缺的民俗体验、自然风光都是特征性极强的项目，往往能在第一时间给予游客难忘的体验。

作为近些年振兴乡村经济的重要手段之一，乡村旅游的确发挥了不可替代的作用。然而成功依靠乡村旅游实现乡村经济质的飞跃的地区还是少数，更多的乡村虽拥有非常优越的旅游资源，却因为信息闭塞和交通不便，并未很好地将自己的特色乡村旅游项目推送到大众面前。一方面，这导致优秀的旅游资源蒙尘，不为大众所知，实属资源浪费；另一方面，市场对于乡村旅游的需求持续增长，却得不到满足，造成市场供需极度不平衡。长此以往，会使许多仍未来得及转型的乡村错过提升经济发展水平最快速的"一班车"。然而这些问题在新媒体的帮助下可以迎刃而解。新媒体快捷方便的信息传递优势可以为乡村旅游带来新的发展机遇，使消费者与乡村之间的信息交流壁垒被打破，消费者只需要动动手指，就可以检索到自己心仪的目的地与体验项目的相关信息。而乡村旅游产业也可以利用更加详细的图文信息展现自身的魅力，提高大众对自身旅游项目的了解程度。新媒体具有广泛的营销推广渠道，如论坛、微博、微信、直播等，能以内容丰富、互动性强的方式进行宣传推广。电子商务技术的发展也从另一方面提供了帮助。这些联合作用的发挥不仅可以保证乡村旅游业的良好发展，还可以吸引更多的投资，以点带面，促进乡村地区全面发展。

二、新媒体视域下乡村旅游传播需要解决的问题

（一）发展定位不明确

新媒体视域下的乡村旅游营销与推广宣传工作应该具备针对性和时效性。旅游企业必须对海量的信息数据进行分析，探究游客的消费与喜好之间的关系，对不同的游客群体进行分类，并制定相应的旅游项目与出行方案，同时针对不同人群采用有所侧重的宣传推广方式。但事实是部分旅游企业仍没有完全掌握大数据分析技术，并没有产生预期的效果。其中的原因比较复杂，但最主要的是这部分企业急于扩大市场份额，将资金与精力都放在宣传上，在旅游产品的广告方面"下血本"，并未考虑游客的实际需求与喜好。这种急于求成的做法不仅不能给游客带来良好的旅游体验，而且也不能提高品牌知名度，不利于旅游产品的长期发展。通过对现阶段的乡村旅游游客主体进行分析可知，其中占据最大比重的是城市居民，他们一方面具备相应的经济基础，另一方面在巨大的工作压力下，为获取精神世界的平静祥和，会倾向选择乡村旅游作为生活的调味剂，体验别样的闲暇时光。对于这部分人群而言，旅游的舒适度是其首要考虑的因素，同时对性价比的看重也会造成其对价格十分敏感，对经济实惠的旅游项目的需求也会增加。然而在一些旅游营销中，这部分群体的需求并未得到深入挖掘，自然也就达不到预期的效果。

（二）宣传方式没有特色

每一个地域、每一个民族都有其特殊的文化，而旅游传播的实质其实是文化的传播。游客迈出家门正是为了感受这些不一样的文化氛围，体验各具特色的文化所孕育的美感，但许多乡村旅游项目并没有很好地把握游客这样的心理需求，采取口号式的宣传方式，千篇一律的介绍让游客无法在第一时间关注。出现这种问题一方面是因为宣传者对当地旅游项目的定位不确定，另一方面是因为宣传信息中文化特色的融合不够充分。在这个信息爆炸的时代，缺乏特色的宣传信息极易消失在海量的信息中，而这些劣势会在新媒体宣传推广中不断放大，使宣传根本无法达到预期的作用。

同时，在这样一个人人都可以做信息发布者的时代，乡村旅游中存在的各种问题更加容易暴露在大众眼前，如基础设施的落后、生态环境的破坏等。这些问题一旦出现，就会在网络上快速发酵。正所谓"好事不出门，坏事传千里"，人们若是对这个旅游地区产生负面印象，那么想要吸引他们去消费可谓难上加难。相反，乡村旅游项目在线上宣传时若是能找准自我定位，打造具有特色的旅游胜地也就不再是异想天开的事情。这要求旅游项目能够有自己的文化符号，以自身特色出发，最大程度地反映出自身的自然风光与风俗人情，以此吸引潜在的游客。

（三）对推广渠道的利用不充分

由于将新媒体与乡村旅游结合是近些年才出现的全新思路，所以在贯彻落实的过程中遇到问题是在所难免的。其中的一大阻力是乡村旅游的推广运营者对于新媒体推广平台并不了解，也未掌握新媒体的各种营销方式，导致新媒体并没有发挥出应有的作用。

三、利用新媒体助力乡村旅游的策略

（一）立足文化底蕴，打造品牌形象

"酒香不怕巷子深"强调了"是金子总会发光"的道理。但在信息爆炸的时代，好的乡村旅游项目需要积极合适的推广宣传才能给大众留下深刻印象，从而使游客产生旅游动机。对于旅游产业来言，没有什么是比拥有自身的旅游品牌更重要的，这是吸引游客的不二法宝，是在竞争日益激烈的旅游业中获胜的筹码。

目前乡村旅游品牌的空洞在很大程度上是由于缺少特色风俗文化导致的。对于乡村旅游开发者而言，分析自身的文化优势，依托文化找准自身定位，既强调景区的核心魅力，又突出乡村旅游的特色，这一点十分重要。这并不是一个简单的概括总结，它需要传播策划者深入了解、体验当地的乡村旅游项目，并对当地的历史人文、民俗习惯、建筑风格、节日庆典等进行分析，从中提炼、浓缩出形神统一的乡村旅游文化，并树立相应的旅游品牌形象。

（二）创新宣传方式，突出乡土特色

对于游客来说，深度体验旅游项目，沉浸在当地的文化氛围之中，可以满足其基本的旅游心理需求。故乡村旅游项目开发者可以以新媒体平台为依托，在增强旅游体验方面进行创新，解决乡村旅游的传播困境，通过利用新媒体的高端科技，使游客足不出户就可以提前体验旅游项目的风光与乐趣。采取体验式的线上旅游宣传方式，无论是对那些已经实际游览过的游客，还是对那些仍未前往体验的潜在游客，都可以起到更直观的宣传作用，满足游客的好奇心。

乡村旅游项目开发者可以利用游戏或者制作邀请函等多种多样的形式，将图片、文字、视频等传播信息结合起来，吸引游客点击观看，直至预定消费的界面，在游客好奇心达到高点之际，促进消费。而VR（virtual reality，虚拟现实）全景技术是一种人机交互手段，在游客最终决定旅游目的地之前，能帮助游客更加直观地了解该地区的民俗文化与自然风光。这些新技术的运用，一方面可以增强游客的好奇心与参与度，另一方面满足了游客还未出门就初步了解该旅游项目的特色与内容的需求，刺激了游客旅游动机的产生。

吸引游客的手段更多是外界的助力，正所谓"巧妇难为无米之炊"，独具特色的旅游体验才是乡村旅游得以在众多旅游产业中安身立命的核心。旅游体验的范围非常广泛，需要传播策划者跳出自己熟悉的乡村印象，与目前已有的旅游产业对比分析，将那些乡村本地人习以为常的但独具风格的人文、景色、风俗打造成旅游特色，从而建立自身的旅游品牌。如陕州地坑院，它是我国第一个"互联网＋乡村旅游"示范区。其从进院扫码购票开始，就构建了一种将科技与乡村旅游结合的特色氛围。在特色挖掘上，地坑院也做到了极致，每一个坑院都设立了分主题，并给予了游客足够的主题参观体验。景区内的民俗表演和非物质遗产展示十分丰富多彩，有皮影戏、剪纸、糖画、特色婚俗等，不但蕴含着丰富的文化，还为游客营造了沉浸式的体验氛围，在住宿、饮食、交通、购物等方面也重点体现了当地的文化，深受广大游客的好评。地坑院的成功对于每一个乡村旅游项目都有借鉴价值。

参 考 文 献

[1] 毕伟. 互联网时代的新媒体[M]. 兰州：甘肃科学技术出版社，2017.

[2] 陈学民. 文化产业安全评价[M]. 北京：北京交通大学出版社，2018.

[3] 范周. 中国文化产业研究丛书文化发展研究札记[M]. 北京：商务印书馆，2019.

[4] 冯征，范小春. 文化创意产业新趋向[M]. 上海：上海三联书店，2017.

[5] 高萍，牛宏宝，耿秀彦. "文化创意＋"广告业融合发展[M]. 北京：知识产权出版社，2019.

[6] 金元浦. 重建秩序的场景文化产业发展的伦理建构与隐私保护[M]. 北京：中国工人出版社，2021.

[7] 靳戈. 中国网络视频产业发展战略研究[M]. 北京：光明日报出版社，2019.

[8] 李宇. 国际传播背景下的亚洲电视研究图景与路径[M]. 北京：中国戏剧出版社，2020.

[9] 刘慧. 历史文化名城与数字媒体广告创意研究[M]. 长春：东北师范大学出版社，2018.

[10] 刘雪梅，王泸生. 新媒体传播[M]. 广州：暨南大学出版社，2018.

[11] 刘玉平，陈洁，周恋榕. 文化产业策划学[M]. 济南：山东人民出版社，2018.

[12] 马洪江，敬枫蓉. 网络文化研究论丛[M]. 成都：四川大学出版社，2019.

[13] 牛盼强. 文化产业发展态势研究[M]. 上海：上海交通大学出版社，2018.

[14] 秦宗财. 文化创意产业品牌[M]. 合肥：中国科学技术大学出版社，2020.

[15] 申红兴，李毅．青海省文化产业发展研究[M]．北京：经济日报出版社，2017.

[16] 申启武，张建敏．新媒体时代广播创新发展研究[M]．广州：暨南大学出版社，2017.

[17] 唐芸，王兵．新媒体与文化艺术产业发展[M]．长春：吉林大学出版社，2018.

[18] 王海霞．时尚新媒体[M]．北京日报出版社，2019.

[19] 王辉，陈亮．新媒体时代群众文化[M]．沈阳：东北大学出版社，2017.

[20] 王景强．"文化＋"的力量：文化创意产业案例研究[M]．济南：山东人民出版社，2017.

[21] 王林生．拓展业态的边界文化产业的转型升级与跨界融合[M]．北京：中国工人出版社，2021.

[22] 王万举．文化产业创意学[M]．石家庄：花山文艺出版社，2018.

[23] 王武林．全媒体环境下的中国动漫产业研究[M]．长沙：湖南师范大学出版社，2018.

[24] 王璇．法国文化产业文化保护及推广研究[M]．武汉：武汉大学出版社，2019.

[25] 王迎新．大众文化视野下大学生社会主义核心价值观教育研究[M]．长春：吉林大学出版社，2020.

[26] 谢耘耕，陈虹，潘玉．新媒体与社会[M]．上海：上海交通大学出版社，2018.

[27] 余琴．文化产业背景下视觉传达设计研究[M]．长春：吉林美术出版社，2019.

[28] 张普然．复兴文明：中国文化产业实战经验鉴典[M]．陕西：师范大学出版总社，2019.

[29] 赵子忠，刘若歆. 新媒体与北京产业发展研究报告 2016[M]. 北京：北京邮电大学出版社，2018.

[30] 钟雅琴. 深圳文化产业基地与平台管理实务[M]. 深圳：海天出版社，2017.